走向繁荣

四川藏区经济社会发展若干问题研究

王建平 著

图书在版编目（CIP）数据

走向繁荣：四川藏区经济社会发展若干问题研究/王建平著．
—北京：经济科学出版社，2018.5
ISBN 978-7-5141-9398-5

Ⅰ.①走…　Ⅱ.①王…　Ⅲ.①藏族-民族地区-区域经济发展-研究-四川②藏族-民族地区-社会发展-研究-四川　Ⅳ.①F127.71

中国版本图书馆 CIP 数据核字（2018）第121173号

责任编辑：孙怡虹　刘　博
责任校对：刘　昕
版式设计：齐　杰
责任印制：王世伟

走向繁荣：四川藏区经济社会发展若干问题研究
王建平　著
经济科学出版社出版、发行　新华书店经销
社址：北京市海淀区阜成路甲28号　邮编：100142
总编部电话：010-88191217　发行部电话：010-88191522
网址：www.esp.com.cn
电子邮件：esp@esp.com.cn
天猫网店：经济科学出版社旗舰店
网址：http://jjkxcbs.tmall.com
北京季蜂印刷有限公司印装
710×1000　16开　12.25印张　211000字
2018年5月第1版　2018年5月第1次印刷
ISBN 978-7-5141-9398-5　定价：39.00元
（图书出现印装问题，本社负责调换。电话：010-88191510）
（版权所有　侵权必究　举报电话：010-88191586
电子邮箱：dbts@esp.com.cn）

目录

第1章 四川藏区繁荣发展的理论分析 / 1
  1.1 四川藏区繁荣发展的基本内涵 / 1
    1.1.1 各民族共同繁荣是我国民族政策的基本原则 / 1
    1.2.2 四川藏区繁荣发展的基本内涵 / 3
  1.2 四川藏区繁荣发展的理论基础 / 6
    1.2.1 经济成长阶段理论 / 6
    1.2.2 工业化发展阶段理论 / 7
    1.2.3 大推进理论 / 9
    1.2.4 非均衡增长理论 / 11
    1.2.5 增长极理论 / 12
    1.2.6 后发优势理论 / 14
    1.2.7 可持续发展理论 / 16

第2章 四川藏区基本情况 / 18
  2.1 自然地理概况与特征 / 18
    2.1.1 地理区位 / 18
    2.1.2 地形地貌 / 19
    2.1.3 地质灾害 / 20
    2.1.4 气候环境 / 20
  2.2 资源环境概况与特征 / 21

    2.2.1　自然资源 / 21
    2.2.2　生态环境 / 25
    2.2.3　资源环境特征 / 26
  2.3　行政区划与人口概况 / 28
    2.3.1　行政区划及沿革 / 28
    2.3.2　人口 / 28
  2.4　经济发展概况与特征 / 32
    2.4.1　经济综合实力 / 32
    2.4.2　经济发展结构 / 33
    2.4.3　城乡收入比较 / 34
  2.5　社会发展概况与特征 / 34
    2.5.1　社会发育水平 / 34
    2.5.2　社会事业发展 / 35

第3章　四川藏区繁荣发展的总体战略 / 38
  3.1　四川藏区发展的成就与面临困难 / 38
    3.1.1　四川藏区发展取得的成绩 / 38
    3.1.2　四川藏区发展面临的特殊困难 / 43
  3.2　四川藏区繁荣发展的战略思路 / 47
    3.2.1　四川藏区繁荣发展的基本思路 / 47
    3.2.2　四川藏区经济社会发展的战略定位 / 51

第4章　全面小康背景下四川藏区公共服务体系建设研究 / 55
  4.1　四川藏区全面小康的基本认识 / 55
    4.1.1　小康社会目标的历史演进及特征 / 55
    4.1.2　全面建成小康社会目标的衡量 / 56
    4.1.3　四川藏区同步全面小康的内涵 / 58
  4.2　四川藏区公共服务体系建设的重要意义 / 59
  4.3　四川藏区公共服务体系建设现状及问题 / 61
    4.3.1　基础设施 / 61

4.3.2　教育事业 / 61
4.3.3　医疗卫生事业 / 63
4.3.4　社会保障 / 64
4.3.5　公共文化 / 65

4.4　四川藏区公共服务体系建设的制约因素 / 67
4.4.1　公共服务投入的成本高且资金缺口大 / 67
4.4.2　人口的极度分散与公共服务集中供给的矛盾突出 / 68
4.4.3　公共服务重建设而轻管理导致功能发挥不够 / 68
4.4.4　公共服务投资体制不合理导致投资效率较低 / 69
4.4.5　公共服务领域专业技术人才缺 / 69

4.5　四川藏区公共服务体系建设的基本思路和重点任务 / 70
4.5.1　四川藏区基本公共服务体系建设的基本思路 / 70
4.5.2　四川藏区基本公共服务体系建设的重点任务 / 71

4.6　四川藏区公共服务体系建设的政策建议 / 78
4.6.1　加大公共服务领域资金投入 / 78
4.6.2　创新公共服务供给方式 / 79
4.6.3　建立健全绩效考评机制 / 79

第5章　精准扶贫视野下四川藏区慢性贫困治理研究 / 81

5.1　慢性贫困的概念和特征 / 81
5.1.1　慢性贫困的基本概念 / 81
5.1.2　慢性贫困的主要特征 / 83

5.2　四川藏区慢性贫困的基本特征 / 85
5.2.1　农村慢性贫困现状及特点 / 85
5.2.2　农村慢性贫困形成的原因 / 87

5.3　四川藏区慢性贫困治理措施的缺失 / 90
5.3.1　贫困人口识别不精准 / 90
5.3.2　扶贫政策短期化倾向明显 / 92
5.3.3　社会保障兜底功能不完善 / 93
5.3.4　贫困人口参与扶贫的机制不完善 / 95

5.3.5 易地扶贫搬迁问题较多 / 96
        5.3.6 社会力量参与扶贫程度较低 / 97
        5.3.7 资产收益扶贫制度不健全 / 98
    5.4 四川藏区农村慢性贫困的治理措施 / 99
        5.4.1 完善贫困人口精准识别机制 / 99
        5.4.2 强化社会保障的兜底功能 / 99
        5.4.3 建立教育—就业一体化体系 / 100
        5.4.4 加大易地扶贫搬迁力度 / 101
        5.4.5 创新社会组织和贫困人口参与机制 / 101
        5.4.6 推广资产收益扶贫制度 / 102

第6章 四川藏区特色生态产业发展研究 / 103

    6.1 特色产业的特点及选择 / 103
        6.1.1 特色产业概念及特征 / 103
        6.1.2 特色产业选择 / 106
    6.2 四川藏区特色产业发展现状及发展思路 / 108
        6.2.1 四川藏区特色产业发展现状 / 108
        6.2.2 四川藏区特色产业发展制约因素 / 110
        6.2.3 四川藏区特色产业发展的基本思路 / 111
    6.3 四川藏区重点特色产业的发展路径 / 114
        6.3.1 旅游产业转型升级 / 114
        6.3.2 水风光能互补开发综合清洁能源基地建设 / 121
        6.3.3 生态农牧业产业化发展 / 128
    6.4 四川藏区特色产业发展的政策和机制保障 / 136
        6.4.1 强化政策支持 / 136
        6.4.2 体制机制创新 / 137

第7章 四川藏区建立综合生态补偿机制研究 / 139

    7.1 四川藏区开展综合生态补偿机制的重大意义 / 139
        7.1.1 为维护高原生态安全屏障提供稳定资金来源 / 139

- 7.1.2 协调各方利益和调动各方保护生态环境积极性 / 140
- 7.1.3 提高藏区群众生活水平和促进区域可持续发展 / 141
- 7.1.4 促进生态补偿资源有效整合和提高生态补偿效率 / 141

7.2 四川藏区现行生态补偿机制及存在的问题 / 142
- 7.2.1 现行生态补偿机制概况 / 142
- 7.2.2 现行生态补偿机制存在的问题 / 152

7.3 国内外综合生态补偿实践和经验启示 / 154
- 7.3.1 国外部分国家生态补偿实践 / 154
- 7.3.2 国内典型地区综合生态补偿实践 / 157
- 7.3.3 国内外综合生态补偿实践的经验启示 / 160

7.4 四川藏区开展综合生态补偿的思路和原则 / 162
- 7.4.1 综合生态补偿的基本思路 / 162
- 7.4.2 综合生态补偿的原则 / 165

7.5 四川藏区综合生态补偿机制的总体框架 / 166
- 7.5.1 补偿主体 / 167
- 7.5.2 补偿对象 / 168
- 7.5.3 补偿标准 / 169
- 7.5.4 补偿方式 / 171
- 7.5.5 监督管理 / 177

7.6 四川藏区综合生态补偿机制的保障措施 / 178
- 7.6.1 组织保障 / 178
- 7.6.2 资金保障 / 179
- 7.6.3 制度保障 / 179
- 7.6.4 积极争取国家政策支持 / 181

参考文献 / 183

后记 / 186

第 1 章

四川藏区繁荣发展的理论分析

1.1 四川藏区繁荣发展的基本内涵

1.1.1 各民族共同繁荣是我国民族政策的基本原则

我国是一个多民族国家,解决好民族问题事关国家稳定、事关中华民族伟大复兴。新中国成立以来,我国高度重视民族工作,并提出了民族繁荣、民族平等、民族团结作为解决民族问题的三个基本原则。其中,促进各民族的共同繁荣发展是巩固民族平等和民族团结的物质基础和精神基础。因此,民族繁荣不仅是一个经济问题,还是一个政治问题,是事关党和国家前途和命运的大问题。新中国成立以来,我国把促进民族繁荣发展作为解决民族问题的重要保障,受到中央高度重视,并随着时代进步赋予新的时代内涵。

党的第一代中央领导集体确立了民族繁荣的基本原则。毛泽东同志在新中国成立初期就十分重视民族发展问题,指出要真心诚意地积极帮助少数民族发展经济建设和文化建设。周恩来同志在 1957 年召开的全国民族工作座谈会上指出:"我们这个多民族的大家庭要建设成为一个强大的社会主义国家,必须在民族繁荣的基础上前进。""民族繁荣是我们社会主义在民族政策上的根本立场。""我们社会主义的民族政策,就是要使所有的民族得到发展,得到繁荣。""不能使落后的地方永远落后下去，如果让落后的地方落后下去，这就是不平等，就是错误。"① 由此可以看出，新中国成立之初，党中央就把促进各民族繁荣作为我国民族工作的基本原则和目标取向。

进入改革开放新时期，邓小平同志将民族繁荣作为发展社会主义的本质要求。他指出："社会主义的本质，是解放生产力，发展生产力，消灭剥削、消除两极分化，最终达到共同富裕。"因此，实现全国各族人民共同富裕是中国特色社会主义建设的出发点和最终目的，各民族共同繁荣发展正是这一本质要求在我国民族关系上的集中反映。在关于民族地区发展问题方面，邓小平同志在1987年会见美国总统卡特时指出："我们帮助少数民族地区发展的政策是坚定不移的。""不仅西藏，其他少数民族也一样。""观察少数民族地区主要是看那个地区能不能发展起来。"② 从邓小平同志关于社会主义本质及民族发展的论述我们可以看出，社会主义制度的本质同民族和民族关系发展规律的内在一致性，各民族共同繁荣发展既是一个过程，也是一个目的或目标。

以江泽民同志为核心的党的第三代中央领导集体，从社会主义初级阶段我国社会的主要矛盾出发，丰富和发展了民族繁荣的思想。1992年1月，江泽民同志在中央民族工作会上提出："社会主义阶段是各民族共同繁荣兴旺的时期"。"少数民族和民族地区的经济社会发展，直接关系到我国整个现代化建设目标的顺利实现。民族地区的现代化同全国其他地区的现代化，少数民族的振兴同整个中华民族的振兴，是密不可分、相互促进的。推动各民族发展进步和共同繁荣不仅是个经济问题，而且是个政治问题。"1994年，江泽民同志在国务院第二次全国民族团结进步表彰大会上又指出："中华民族的振兴，就是56个民族的共同振兴。"1999年9月，江泽民同志在中央民族工作会上提出："全党同志必须把加强民族团结、促进各民族共同发展和共同繁荣，作为整个社会主义初级阶段民族工作的行动纲领。"③

以胡锦涛同志为总书记的党的第四代中央领导集体，按照科学发展观要

---

① 国家民委. 中国共产党主要领导人论民族问题 [M]. 北京：民族出版社，1994.
② 邓小平文选（第三卷）[M]. 北京：人民出版社，1993.
③ 青觉，马守途. 论社会主义时期各民族共同繁荣发展 [J]. 中南民族大学学报（人文社会科学版），2007（5）：20-23.

求,明确提出了"各民族共同团结奋斗、共同繁荣发展"重大论断,并以此作为现阶段我国民族工作的主题,进一步丰富和完善了民族繁荣的思想。2005年5月,胡锦涛同志在中央民族工作会议上指出"共同团结奋斗,就是要把全国各年族人民的智慧和力量凝聚到全面建设小康社会上来,凝聚到建设中国特色社会主义上来,凝聚到实现中华民族的伟大复兴上来。共同繁荣发展,就是要牢固树立和全面落实科学发展观,切实抓好发展这个党执政兴国的第一要务,千方百计加快少数民族和民族地区的经济社会发展,不断提高各族群众的生活水平。只有各民族共同团结奋斗,各民族共同繁荣发展才能具有强大动力;只有各民族共同繁荣发展,各民族共同团结奋斗才能具有坚实基础。"[①]胡锦涛同志对"两个共同"的内涵及辩证关系的论述,标志着我们党对现阶段解决民族问题的认识达到了一个新的高度。

2020年全面建成小康社会是我们党"三步走战略"的重要阶段新目标,没有少数民族和民族地区的小康,就没有全国的小康。根据我国正处于全面建成小康社会冲刺阶段,但广大民族地区发展相对滞后,贫困问题集中突出的实际情况,以习近平同志为核心的党中央,十分关心少数民族和民族地区的全面小康。2014年9月,习近平同志在中央民族工作会上明确提出:民族地区"同全国一道实现全面建成小康社会目标难度较大,必须加快发展,实现跨越式发展。""紧紧围绕全面建成小康社会目标,顺应各族群众新期盼,支持民族地区加快经济社会发展。"习近平同志在此基础上提出了促进民族地区发展的重要部署、重点任务,为加快民族地区奔向全面小康的步伐,提供了正确方向和行动指南。

1.2.2 四川藏区繁荣发展的基本内涵

四川藏区与我国其他民族地区相比,既有许多共同特征,也有特殊的发展条件,其繁荣发展既面临同其他民族地区相同的目标任务,也有自身的特殊使命。四川藏区作为我国具有特殊区位和资源禀赋的后发区域,其经济社会发展

---

① 胡锦涛. 在中央民族工作会议暨国务院第四次全国民族团结进步表彰大会上的讲话[N]. 人民日报,2005 – 05 – 28.

的路径不必经历先前发展地区所经历的所有阶段，而是可以借鉴发达地区经济社会发展的经验和最新的发展理念，在较多时期内直接跨越到更高形态的经济社会阶段，缩小与发达地区的发展差距，最终实现经济、社会、文化等领域的整体跃升。总体而言，四川藏区的繁荣发展包括以下方面：

1. 社会形态的转型跨越

四川藏区的社会制度是由封建农牧社会和奴隶制社会一步跨越成为社会主义发展阶段的，社会制度的变迁没有改变社会发育程度低的状况，长期以来的封闭状态严重阻碍了社会发育的步伐，旧的生产方式和生活方式仍然存在，传统观念、旧的思维方式甚至封建文化意识在相当多地方大行其道，深刻影响广大农牧民生产、消费等行为方式。同时，社会发育程度低还体现在四川藏区仍处于自给自足的传统农牧业社会阶段，农耕社会的发展特征十分明显，百姓商品意识十分淡薄。促进四川藏区的繁荣发展，首要任务是促进社会转型跨越。一方面，积极推动生产生活方式的转变，促进广大群众尤其是农牧民群众充分接触、接受现代生产生活方式，并利用现代生产生活方式改变自身发展条件。另一方面，推动传统农牧业社会向生态文明社会的转型，根据区域自然资源和生态环境状况，跨越其他区域通过消耗大量自然资源和对生态环境带来严重破坏的工业化阶段，进入发挥生态资源优势、发展生态经济的生态保护型社会。

2. 自我发展能力的形成

四川藏区是我国民族地区中发展水平较低、发展能力较为薄弱区域，长期依靠中央政府和援建省市的"输血"维持经济增长，大规模的基础设施建设是近年来保持快速增长的必要条件，因而形成了较强的投资依赖。随着藏区基础条件的改善，投资在经济增长中的贡献率会大幅降低，长期依赖投资的增长模式不可持续，必须转移到依靠资本、生产技术和人力资本等因素推动区域经济发展的轨道上。因此，四川藏区的繁荣发展，促进经济可持续增长是重要的物质基础，提高区域自我发展能力则是内在要求，包含了四川藏区经济从"输血"到"造血"、从外生性增长到内生性增长转变的内涵。

3. 民族文化的保护传承创新

文化是民族的血脉，是民族凝聚力和创造力的重要源泉，一个民族的繁荣总是以文化兴盛为支撑的。藏族文化作为中华文化的重要组成部分，其兴盛繁荣也是中华文化繁荣发展的应有之意。因此，促进四川藏区繁荣发展，必须把保护、传承和创新民族文化作为重要内容。一方面要加强四川藏区民族文化保护和传承，加强历史文化名城名镇名村的保护利用，推进文物抢救保护，加强传统村落的保护利用，加强对格萨尔文化、康巴文化等地域性民族文化的保护，积极推动历史遗产遗迹的保护。另一方面要创新民族文化，利用现代技术手段推广民族文化，并引导民族文化与社会主义先进文化向适应，让民族文化重新焕发生机，更好为经济社会发展服务。

4. 群众生活的富足安定

四川藏区的繁荣发展最终要反映在群众的生活上。针对当前四川藏区群众生活水平总体较低、贫困问题还十分突出、社会稳定还面临一定挑战等问题，必须把改善民生和维护社会和谐稳定作为四川藏区繁荣发展的保障。一方面，继续加大对四川藏区民生投入力度，把创造出的社会财富更多用于公共服务、扶贫等民生领域，继续加大各项基础设施建设，不断提高群众收入水平，最大限度满足群众对美好生活的需要。另一方面，要积极营造和谐稳定的社会环境，加强和创新社会治理，确保社会保持稳定，为群众安居乐业创造条件。

5. 可持续发展能力的提升

四川藏区的生态环境不仅事关国家生态安全，也关系区域可持续发展，四川藏区的繁荣发展必须提升可持续发展能力。尽管四川藏区特有丰富的自然资源，但也面临脆弱的自然生态系统，无法承受大规模的资源开发，所以必须实施可持续发展战略，摒弃急功近利、竭泽而渔的短视行为，不以牺牲生态环境为代价换取经济的一时发展，既要金山银山，又要绿水青山。强化生态文明理念，贯彻落实国家主体功能区战略，在保护生态环境的前提下开发特色优势资源，推动生态经济发展和生态环境建设良性互动，使绿水青山产生巨大生态效益、经济效益、社会效益,促进人口分布、经济社会、资源环境均衡,走出一条生态环境良好、经济特色鲜明、各族群众共富和谐的可持续发展道路,建成国家生态文明建设先行示范区。

1.2 四川藏区繁荣发展的理论基础

1.2.1 经济成长阶段理论

早在 18 世纪,亚当·斯密在《国民财富的性质和原因的研究》一书中,就沿用古希腊罗马时代将人类经济生活划分为狩猎、游牧和农耕三个阶段的方法,来说明市民社会以前的人类经济发展过程。19 世纪中叶,马克思在《政治经济学批判》序言中提出社会构成体概念,并认为社会构成体的发生和机能以及向更高形态的发展有它自身内在的规律,亚细亚的、古代的、封建的以及现代资本主义生产方式,可以看作是社会的经济构成体演进的几个时代,而资本主义社会是社会生产过程的最后的对抗形态,人类社会的前史也就以此而结束,这是历史唯物主义的经济发展阶段论。① 19 世纪还出现了另一种发展阶段学说,历史学派先驱 F. 李斯特将发展阶段分为:狩猎状态、游牧状态、农耕状态、农工状态和农工商状态五个阶段,为振兴德国产业资本、实行保护关税政策提供理论依据;② K. 比歇尔将发展阶段划分为三个阶段:一是封锁的家庭经济阶段,这是没有交换的经济,同一经济体内部自己生产、内部消费的阶段;二是城市经济阶段,这是为顾客订货生产,生产者和消费者之间直接交换的经济阶段;三是国民经济阶段,是企业生产的商品到达消费者手中,要经历许多流通环节的阶段。

美国经济学家华尔特·惠特曼·罗斯托在 1960 年出版的《经济成长的阶

---

① 赵兴良. 人类社会的纵向发展与横向发展——对马克思发现的人类历史发展规律的一点思考 [J]. 求实,2003(7):24-27.

② 弗里德里希·李斯特. 陈万煦,译. 政治经济学的国民体系 [M]. 北京:商务印书馆,1981.

段》中用历史和动态方法研究了各个国家，尤其是发展中国家经济发展的过程、阶段和存在问题，提出了经济成长阶段理论，并总结归纳出世界各国经济发展要经历的五个阶段：第一阶段是传统社会阶段，这个阶段不存在现代科学技术，主要依靠手工劳动和原始农业，农业居于首位，国民收入很低。第二阶段是为起飞创造前提的阶段，即从传统社会向起飞阶段过渡的时期，近代科学知识开始在工农业中发生作用，但是其产生的效果往往被人口增长所抵消，家庭手工业和商业逐渐兴起，经济活动超越地域的限制并出现了专业化的分工与协作，这些方面的变化为经济增长的起飞逐步准备了条件。第三阶段是起飞阶段，当经济增长经过长期积累，会在一定的时候发生质变，则缓慢增长进而进入持续、高速的增长。该阶段是经济史上的产业革命的早期，即工业化开始阶段，新的技术在工、农业中得到推广和应用，投资率显著上升，工业中主导部门迅速增长，农业劳动生产率空前提高，农村经济走向商品化，劳动力加速流向工业领域，国民收入水平快速提高。第四阶段为成熟发展阶段，工业向多样化发展，新的主导部门逐步代替旧的主导部门，原先带动经济快速增长的主导部门被后起的钢铁、机械、化学等"重化工业"所取代；劳动力仍持续向工业部门转移，劳动力日益高学历化、熟练化和专业化，人口进一步向城市集中；经济经过一定时期的持续高速增长后，增长的速度将减缓进入稳定增长阶段。第五阶段为高额群众消费阶段，主导部门转到耐用消费品生产方面。其后，罗斯托在《政治与增长阶段》（1971）一书中，又提出了新的第六个阶段，即"追求生活质量"阶段，主导部门是服务业与环境改造事业。他认为"起飞"和"追求生活质量"是两个关键性阶段。罗斯托的经济成长阶段理论对于判断四川藏区发展阶段具有重要指导意义。目前，四川藏区经过多年的大规模开发建设，基础设施条件显著改善，资本积累的水平达到了一定水平，传统的农牧业主导的经济已经被工业、服务业主导的经济所取代，现代的生产方式广泛应用于经济领域，具有明显的起飞阶段特征。

1.2.2　工业化发展阶段理论

一个国家或地区发展的过程往往是工业化发展的进程。对于工业化发展阶段的研究有以制造业结构转化为标准判断工业化阶段的钱纳里标准、以三次产业就业为标准来判断工业化阶段的配第—克拉克定理标准和以三次产业结构为标准判断工业化发展阶段的库兹涅茨标准。哈佛大学教授钱纳里通过考察经济发展过程中制造业内部各产业部门的地位和作用的变动，将制造业发展分为初期、中期和后期三个阶段，同时将产业划分为三种不同类型的产业，即：初期产业，指经济发展初期对经济发展起主要作用的制造业部门，例如食品、皮革纺织等部门；中期产业，指经济发展中期对经济发展期主要作用的制造业部门，例如煤炭、石油、化工等部门；后期产业指在经济发展后期起主要作用的制造业部门，例如服装、机械制造等部门。这些在不同发展阶段的不同产业具有不同特点的理论统称为钱纳里工业化阶段理论①。配第—克拉克定理源于英国经济学家威廉·配第的《政治算术》，他认为随着人均国民收入水平的提高，劳动力首先从第一产业向第二产业转移，当人均国民收入水平进一步提高时，劳动力便向第三产业转移。美国经济学家西蒙·库兹涅茨在其《现代经济增长理论》②等著作中，通过对各国国民收入和劳动力在产业间分布结构的变化进行统计，得出了产业结构演变的库兹涅茨法则，认为从 GDP 中三次产业的结构来看，第一产业在工业化初期比重较高，之后随着经济的发展其比例不断下降；第二产业的比重在工业化中期会迅速上升，超过第一产业和第三产业；当第一产业的比重降低到 10% 左右，而第二产业比重达到最大时，就进入了工业化结束阶段。在以上理论的基础上，结合我国工业化发展实际，中国社科院课题组对我国工业化发展阶段特征值进行了调整（见表 1–1）。

表 1–1　　　　　　　　　　工业化阶段特征值

基本指标	前工业化阶段（1）	工业化实现阶段			后工业化阶段（5）
		工业化初期（2）	工业化中期（3）	工业化后期（4）	
2005 年人均 GDP（美元）(PPP)	745~1490	1490~2980	2980~5960	5960~11170	11170 以上
三次产业产值结构（产业结构）	A＞I	A＞20%，A＜I	A＜20%，I＞S	A＜10%，I＞S	A＜10%，I＜S

---

① 苏东水. 产业经济学 [M]. 北京：高等教育出版社，2015.
② 西蒙·库兹涅茨. 现代经济增长理论 [M]. 北京：商务出版社，1989.

续表

基本指标	前工业化阶段（1）	工业化实现阶段			后工业化阶段（5）
		工业化初期（2）	工业化中期（3）	工业化后期（4）	
第一产业就业人员占比（就业结构）	60%以上	45%~60%	30%~45%	10%~30%	10%以下
人口城市化率（空间结构）	30%以下	30%~50%	50%~60%	60%~75%	75%以上

注：A代表第一产业，I代表第二产业，S代表第三产业，PPP表示购买力平价。
资料来源：陈佳贵，黄群慧，钟宏武. 中国地区工业化进程的综合评价和特征分析［J］. 经济研究，2006（6）：4-15.

从四川藏区发展的现实情况来看，其特殊的自然地理环境、主体功能定位和产业结构决定了工业化并不是该地区发展的必然路径，但工业化理论为该地区发展阶段的判断提供了参考；由于该地区人口较少，人均地区生产总值不具备参考价值，因而只有三次产业产值和就业结构及城镇化率能说明问题。根据四川统计年鉴（2017）显示，四川藏区第一产业增加值占比约为20.2%左右，第二产业增加值占比高于第一产业，但从事第一产业的就业人口占到70%左右，城镇化率仅为31.97%，综合以上分析，四川藏区仍然处于工业化发展的初始阶段。

1.2.3 大推进理论

大推进理论又称平衡发展理论，是关于发展中国家各工业部门必须同时平衡发展的一种理论。英籍美国经济学家罗森斯坦·罗丹1943年在《东欧和东南欧的工业化问题》一文中首先提出这一理论，1961年又在《关于大推进理论的说明》一文中作了进一步阐述。该理论的核心是发展中国家或地区摆脱贫困、实现经济发展的途径是工业化，必须对国民经济的各个部门同时进行大规模投资，以促进这些部门的平均增长，从而推动整个国民经济的高速增长和全面发展。罗森斯坦·罗丹认为实现工业化，首先必须大规模地进行基础设施投资，并且投资要达到一定规模，否则工业化会因缺少基础设施条件而难以实现。同时，要扩大企业规模，发挥企业的外部经济效应，取得规模经济效益，提高企业的获利能力。大推进理论的理论基础来源于生产函数、需求和储蓄供给三个不可分性。第一，资本供给的不可分性。投入产出过程中资本具有不可分性，尤其是基础设施建设周期长，所需资本量较大，需要社会各方共同出资，才能形成最低限度的投资量，而一旦资本形成具有一定的规模和能力，要改变这种资本存量结构就比较困难。第二，需求的不可分性。各个产业之间是相互关联的，彼此都互为对方生产要素或产品的需求者和供给者，这种产业相互之间的需求就是市场需求的不可分性。为了扩大市场，就需要对各个部门同时投资，才能形成彼此联系的广大市场。第三，储蓄供给的不可分性。投资需要有大量的国民储蓄，而后进国家或地区，由于经济发展水平低，收入水平比较低，投资能力有限；只有居民收入增加，才能提高边际储蓄率和储蓄总量，而收入的提高依赖于大规模的投资。① 大推进理论倡导对多个相互补充的产业同时投资，扩大国内需求市场，同时可以发挥外部经济效应，增加单个企业的利润，增加社会净产品。而实施大推进的资本来源不仅可以来自国内，也可以来自国外，要实现后发地区的工业化，仅仅依靠国内投资是远远不够的，必须引进大量的国际资本。大推进理论认为应该把投资重点集中于基础设施和轻工业部门，而不是重工业部门。同时由于基础设施建设需要资金数量大，建设周期长，且注重外部经济而不是利润，所以其实施必须通过政府计划而不是通过市场调节来实施。

  大推进理论提出的由投资增加收入，再由储蓄的增加扩大投资的路径，尤其是提出的优先投资基础设施的建议，符合四川藏区目前的发展实际。同时，四川藏区由于民间财力有限，应当主要由政府主导投资，这也与大推进理论的理念相吻合。按照大推进理论提出的建议，优先投资基础设施，能够全面带动地区经济发展。四川藏区旅游资源、矿产资源、水电资源丰富，推动基础设施建设，有利于对于这些资源的合理开发与利用。基础设施建设的完善也有利于创造良好的投资环境，增强对于外来投资者的吸引力，促进四川藏区外向型经济发展；加快基础设施建设的过程也是推动四川藏区城镇化发展的重要途径，有利于加快就业结构的调整和产业结构的调整与升级，带动工业、运输业、商

---

① 佚名. 大推进理论和不平衡发展理论 [J]. 发展研究，1994（4）：47.

业服务业等产业的发展；同时基础设施的改善能够加强四川藏区与外界的沟通交流，促进商品经济发展，提高社会文明程度。

近年来，四川藏区实施"交通先行"战略，交通基础设施取得极大改善。甘孜州形成了以机场和国省干道为主骨架的"四纵四横多联和三大枢纽"综合交通运输网络，极大地改善了进出州交通条件，建成连接川、滇、藏、青四省（区）交通枢纽；阿坝州也已形成机场、高速公路、国省干道完善的对外交通网络。四川藏区信息通信能力增强，实现村村通电话，大多数村通宽带，无线通信实现城镇和主要旅游景点全覆盖。通过水利工程建设，民族地区农村饮水难问题基本解决。近年来在大渡河、岷江流域建设骨干电网工程，完善输变电工程，基本解决了民族地区全域电力供应问题。基础设施的极大发展带动了经济的快速发展，有效解决了制约经济社会发展的"瓶颈"。

1.2.4 非均衡增长理论

非平衡增长理论由美国经济学家赫希曼1958年在《经济发展战略》一书提出。赫希曼认为制约后发展地区发展的首要因素就是资本短缺和企业家的缺失，正是这些因素导致了均衡增长理论实现的不可能。因而主张将有限的资源投入到最有带动作用的产业部门。他认为国民经济各部门是相互关联的，但关联效应大小是有差别的，发展中国家和地区由于资源有限，应该将资源投向某一类或几类产业关联效应大的部门，通过这些部门的发展，带动其他部门的发展。这一类产业关联效应大的产业就是主导产业，赫希曼将主导产业的关联效应分为了前向关联效应、后向关联效应、旁侧关联效应三类，并认为产业发展路径就是一个链条，从主导部门通向其他部门。[①] 非平衡发展理论的产生是由于在各个产业对于资源的利用效率是不同的，所以在资源有限的情况下，为了提高资源配置效率，保证经济较快增长，必须将有限的人、财、物投入到重点领域中去，采取倾斜开发的方式。同时，区域发展也存在一定的次序，有些区域生产效率高、创新能力强，这些区域就会优先迅速发展，并形成资本与技术

---

① 杨建文. 二十世纪外国经济学名著概览 [M]. 郑州：河南人民出版社，1991.

聚集，并能对其他区域产生强大辐射作用的发展极。

非均衡增长理论首先提出了产业关联效应，认为应当选取产业关联效应强的产业优先发展。四川藏区生态环境脆弱，在国家主体生态功能规划中属于限制开发区，保护生态环境是首要任务，而且受到土地资源、人力资源和气候等限制，大规模发展工业几乎不可能。但依托四川藏区的优势资源，发挥资源开采业较强的产业关联效应，可将自然资源的开发和利用发展成为四川藏区的主导产业。尤其是四川藏区良好的生态环境和独特的民族文化，具有发展旅游业的先天优势，把发展全域旅游作为资源节约型、环境友好型产业加大推进力度，把旅游业作为民族地区发展的主导产业，这符合四川藏区发展现状和发展要求。旅游产业关联行业达到 102 个[①]，覆盖从第一产业到第二产业到第三产业，是横跨三大产业的一个综合性的产业，且对经济发展的贡献大，据研究，旅游业产值每增加 1 元，将拉动国民经济总产出增加 2.9 元[②]。四川藏区将旅游业作为主导产业优先培育，将资源优先集中在旅游产业上，能够有效的带动地区产业融合发展，增加就业机会，提高经济发展水平。

1.2.5 增长极理论

增长极的概念和理论最早由法国经济学家佩鲁于 1955 年提出，后来，其弟子法国经济学家布代维尔、瑞典经济学家缪尔达尔以及美国地理学家 J. 弗里德曼等学者都在不同程度上丰富和发展了该理论。佩鲁在其《略论"增长极"的概念》《经济空间：理论与应用》等著述中提出，"增长并非同时出现在所有地方，他以不同的强度首先出现在一些增长点和增长极上，然后通过不同的渠道进行扩散，并对整个经济产生不同的最终影响"[③]。佩鲁提出来的增长极的概念是抽象的经济空间，而并非真实的地理区域，他认为在经济空间中存在着类似"磁场"的力场，这些受力场的中心就是他说的增长极，增长极

---

① 宋增文. 基于投入产出模型的中国旅游业产业关联度研究 [J]. 旅游科学，2007 (2)：7 - 12 + 78.
② 吴三忙. 产业关联与产业波及效应研究——以中国旅游业为例 [J]. 产业经济研究，2012 (1)：78 - 86.
③ 佩鲁. 略论增长极的概念 [J]. 经济学译丛，1988 (9).

对周边区域存在吸引力和扩散力作用。增长极本身具有较强的技术创新和制度创新能力，通过技术扩散、资本输出与集中、外部经济、产业聚集效应等，对其他经济单位产生影响。20世纪60年代，佩鲁的弟子布代维尔对增长极理论进行了改进，他将增长极的概念从抽象的经济空间扩展到了真实的地理空间，并指出，增长极是在城市区域内的工业综合体，对其周围区域造成影响，并引导经济活动的进一步发展。佩鲁及其弟子对于增长极主要是从其正面影响做了研究，缪尔达尔则对增长极理论进行了完善，他提出了"地理上的二元经济结构"理论，研究了增长极的负面影响。认为增长极与周边区域发展会出现"累积性因果循环"，使增长极发展越来越快，而周边地区发展越来越慢，从而增大区域经济差距，形成发达地区和不发达地区并存的二元经济结构。而这种二元经济结构的形成主要是因为劳动力等资源由落后地区向发达地区流动的"回波效应"，由于市场机制的作用，"回波效应"总是先于和大于增长极对其他地区的"扩散效应"，因此，在市场力量的作用下，区域经济发展差距会越来越大。J.弗里德曼提出的"核心—边缘"理论促进了增长极理论的进一步发展。他认为任何一个发展区域都可以分为核心区和边缘区，核心区是经济活动的集聚区域，而受其影响并围绕它分布的不发达区域就是边缘区。核心区对边缘区也存在着极化效应和扩散效应，通过极化效应吸收边缘区的劳动、资本等生产要素，并进行创新，通过扩散效应将创新的结果扩散到边缘区，引起边缘区经济活动和社会变革，从而促进整个区域的发展。

四川藏区幅员面积广阔，但人口分布稀少，人口密度仅为四川平均水平的1/20左右，各县人口仅为全省平均数的1/6，城乡区域之间距离较远，交通不便，乡镇分布比较分散，区域城镇体系对于培育区域增长极的重要作用尚未完全发挥。目前四川藏区尚未形成有层次的、分布相对合理与均匀的区域城市体系，城镇分布较为分散，藏区县里面有17个县仅有县城为建制镇，建制镇最多的汶川县也只有6个建制镇[1]，城镇化率较低。四川藏区城镇形成主要是历史上的贸易集散地、古代军事要塞、古代交通中心、古代宗教中心，解放以后开始形成一些由于旅游和水电开发等形成的产业城镇。多数城镇的经济发展水

---

[1] 沈茂英. 少数民族地区城镇化问题研究——以四川藏区为例[J]. 西南民族大学学报（人文社科版），2010（10）：136–140.

平较低，主导产业发展较弱，限制了城镇就业带动能力和人口转移聚集能力，对区域社会经济发展的辐射带动作用有限。

鉴于四川藏区城镇体系尚处于发展初期，区域带动能力不强，应当充分利用气候与地理条件较好的地区，充分利用资源要素禀赋，因地制宜，突出重点，引导资本、人才与技术在某个区域聚集，形成区域发展增长极。各增长极要明确自己的优势行业与产业，扩大发展产业集群，形成规模经济，通过产业集群的竞争优势推动区域增长极的发展。增长极要集中产业比较优势和政策扶持，集中建设城市基础设施。对外加强与周边经济发达区域的联系，通过引进资金、技术和先进管理理念，实现产业的转型升级；对内加强各区域之间的联系，加强人员与商贸往来，提高人民生活水平。通过产业聚集，实现产业规模化发展，带动区域经济发展。在增长极形成之后，通过扩散作用，将资本、人员和技术等要素，扩散到增长极周边区域，扩大增长极和形成新的增长极，最后实现整个地区的基础设施水平和社会发展水平的提高，实现民族地区经济与社会的跨越式发展。

1.2.6 后发优势理论

美国经济史学家亚历山大·格申克龙于1962年在总结德国、意大利等国经济追赶成功经验的基础上，创立了"后发优势理论"。[①] 他认为所谓的后发优势就是指，后起国家所特有的，并非后发国家自身创造出来的优势，这种优势完全与其经济的落后性共生，是来自于落后本身的优势。他所认为的后发优势仅指时间维度，而国家之间在人口规模、资源禀赋、国土面积等方面的差别则不属于后发优势的范畴。格申克龙认为后发优势主要由于四个方面的原因：工业化条件的"替代性"、后发国家可以引进先进国家的资金技术等资源、后发国家可以学习和借鉴先进国家的成功经验和吸取失败的教训、后发国家有更强烈的工业化的愿望。美国社会学家 M. 列维进一步将后发优势理论具体化，他更强调资本积累的作用，认为后发地区要在短期内完成发达地区在漫长时间

---

① Alexander Gerschenkron. Economic Backwardness in Historical Perspective [M]. Harvard University Press, 1962.

第 1 章 四川藏区繁荣发展的理论分析

内完成的工业化过程,对资本的需求就会突然剧增,因此后发国家需要借助政府的力量在短时间内完成大量的资本积累。① 阿伯拉莫维茨认为后发地区的潜在经济发展速度与其经济发展的初始水平是呈反向关系的,而这一潜在速度的实现需要缩小技术水平差距和教育水平等引起的社会能力差距。② 后发优势理论首先在理论上揭示了后发国家存在追赶先发国家的可能性,并提出了后发国家或地区在工业化意愿、工业化经验教训、技术模仿与创新等方面存在着潜在的优势,但这些优势仅仅是潜在的,并不能自己发挥出来,还需要后发国家主动借鉴,善于学习,改革社会制度,要通过自身的努力去将潜在的可能性转变为发展的现实。

四川藏区经济总量小,发展水平低,整体上处于工业化初期,与内地差距较大,这是由于四川藏区特殊的发展历史和恶劣的发展环境造成的。按照后发优势理论,目前相对于其他地区发展的落后性,恰恰可以成为四川藏区发展的潜在优势。促进经济增长的主要因素是资本、劳动力和科技水平。四川藏区人均收入较少,这与后发地区短时期内需要大量的资本积累来发展经济形成鲜明的矛盾,因此需要发挥政府的力量完成资本的积累,通过发达地区对于民族地区的援助和投资等形式,加快资本积累的速度。随着基础设施条件的改善,四川藏区的教育水平也在不断提高,通过与发达地区合作办学、网络教育等方式,引进发达地区先进教育理念和教育方式,群众文化程度普遍提升,辍学率、文盲率明显下降,受教育水平的快速提高能够促使劳动方式改变,提高人们的劳动效率。同时通过人才引进、干部援助等形式,也改变了藏区人力资源格局,藏区吸引人才、凝聚人才的社会环境正在逐渐成形。在科技创新方面,四川藏区地区可以引进和借鉴发达地区已有的先进技术和管理经验,通过引进吸收、模仿创新,在较短的时间内实现科技的较快进步。四川藏区是全国重点生态功能区,特殊的生态条件决定了不可能搞大开发发展大工业,所以需要结合本地区发展实际,在总结发达地区发展经验的基础上,确定本区域合适的产

---

① Levy M. Modernization and the Structure of Societies: A Setting for International Affairs [M]. Princeton University Press, 1996.

② Moses Abramovitz. Thinking about Growth: And Other Essays on Economic Growth and Welfare [M]. Cambridge University Press, 1989.

业发展路线，确定发展的主导产业，绕过发达地区所走过的"先污染、后治理"的老路，以保护生态环境为首要任务，适度发展其他产业，确立以服务业为主的产业结构，提高产业配套能力，将"潜在"发展优势转变为"现实"的发展优势。

1.2.7 可持续发展理论

自世界环境与发展委员会在其研究报告《我们共同的未来》中提出可持续发展概念以来，可持续发展迅速受到全世界的极大重视，对于可持续发展的研究也得到了长足的进展。[①] 世界环境与发展委员会对可持续发展给出的定义是"可持续发展是指既满足当代人的需要，又不损害后代人满足其需要能力的发展"。只有当人类对自然的索取与回馈相平衡的时候，只有当代的发展不损害后代发展的时候，只有当本区域发展不破坏其他区域发展的时候，才能实现经济社会的可持续发展。可持续发展内涵丰富，涵盖经济、生态和社会三方面的协调统一。在经济可持续发展方面，可持续发展并不是为了保护环境而不要经济增长，而是不仅重视经济增长的数量，而且要提高经济增长的质量；在生态可持续发展方面，可持续发展强调发展的限制性，要求经济社会发展要与自然承载能力相协调；在社会可持续发展方面，可持续发展强调发展的终级目标是创造一个保障人们平等、自由、健康发展的社会环境，是社会复合系统的持续、稳定、健康发展。可持续发展理论是对传统经济学增长理论的修正，改变了不计环境资源消耗和破坏的经济增长统计方式，将环境变化与经济发展联系起来，从可持续收入的角度来改变传统的国民经济核算体系，提出了在决策过程中必须考虑对所消耗资源的定价。

四川藏区地处长江上游，生态地位重要，生态环境脆弱，但生态资源也十分丰富，发展生态经济是四川藏区社会经济可持续发展的必由之路。四川藏区的生态地位决定了在其发展过程中，必须将可持续发展理念贯彻始终，兼顾生态保护与经济发展，从生态保护中寻找经济发展的新途径，将生态保护与经济

[①] 蒙吉军. 综合自然地理学 [M]. 北京：北京大学出版社，2005.

建设结合起来，既要保护环境，也要发展经济提高人民生活水平，实现经济的可持续发展。根据地区资源禀赋，优先发展旅游业、生态农业、清洁能源等对生态环境影响小的产业，提升发展矿产资源开采业，提高开采效率，减少环境破坏，完善生态补偿机制，将产业发展对生态的破坏减少到最低程度，实现产业的可持续发展。同时也要实现教育、医疗等民生保障的可持续发展，建立有民族地区特点的基础教育、职业教育和成人教育并举的教育体系，推动全民教育发展，缩小与发达地区劳动者素质的差距；提高医疗水平，建立健全农牧民医疗保障制度，改善民族地区医疗卫生条件，提高身体素质，实现人的可持续发展。

第 2 章

四川藏区基本情况

2.1 自然地理概况与特征

2.1.1 地理区位

四川藏区位于川西北高原，北接青海、甘肃，西连西藏，南邻云南，东南接四川盆地及川西南山地，面积24.58万平方千米，占四川省总面积的50.6%。其中：甘孜藏族自治州位于四川省西部青藏高原东南缘的川西北高原，幅员面积14.96万平方千米，北邻四川阿坝州和青海省，南连凉山州和云南省，西隔金沙江与西藏自治区相望，东有二郎山与雅安市相接，是祖国内地通往边陲西藏的主要通道，处于汉藏连接部和过渡带；阿坝藏族羌族自治州位于四川省西北部青藏高原东南缘与四川盆地西北边缘结合地带的川西北高原，幅员面积8.3万平方千米。北和西北与甘肃、青海交界，东和东南与四川绵阳、德阳和成都市相邻，南和西南与雅安市接壤，西与甘孜州相连；木里藏族自治县坐落于四川省西南边缘，位居凉山彝族自治州的西北部，幅员面积1.32万平方千米，东跨雅砻江，西抵贡嘎山，南临金沙江，北靠甘孜州。

四川藏区深处西南内陆的川、藏、滇、青、甘五省交界处，经济地理区位不佳，距离中心城市甚远，是典型的老、少、边、穷地区。四川藏区32个县

（市）的政府所在地与成都的平均距离为530公里，甘孜州北部的石渠县和南部的得荣县距成都更达1061公里和1016公里。加上该地区的地形地貌险峻复杂，交通基础设施十分落后，与内地的经济社会联系难度很大，严重制约了四川藏区经济社会发展。虽然地理位置边远，但是四川藏区战略地位十分重要。该地区地处内地与西藏的过渡带，是汉藏经济文化交融的重要纽带和桥梁，对整个藏区的影响极大，历史上素有"汉藏走廊""治藏依托"之称和"稳藏必先安康"之说，历来是维护祖国统一、增进民族团结、巩固边防、反对民族分裂势力破坏和渗透的桥头堡与前沿阵地。该地区的稳定和发展，对西藏乃至全国的稳定和发展，都有十分重要的影响。

2.1.2 地形地貌

四川藏区地处我国地理第一级阶梯青藏高原东南缘和向云贵高原过渡地带的川西高原，是青藏高原的重要组成部分，区域内以丘状高原—高平原、高山原—深谷、高山—峡谷地貌为主。其中：高原面顶部为海拔4000~4900米的高原面，北部呈丘状高原面，南部呈分割山顶面。在高原面上分布着一些蚀余山岭，海拔多在5000米以上，少数在6000米以上，平均海拔在3000米以上，最高海拔达7556米，最大相对高差达6556米。其中，甘孜州平均海拔3500米以上，阿坝州平均海拔2300米以上，木里县平均海拔3100米左右，海拔最高的石渠县平均海拔达到4230米。

高原上主要河流金沙江、理塘河、雅砻江、鲜水河、大渡河、岷江等多沿断裂发育穿行。高原北部河流多为北西—南东向，切割较浅，小于500米，形成丘状起伏的高原和宽浅谷地。高原南部河流逐渐转为南北向，愈往南河流下切愈强烈，最终形成了世界最壮观的岭谷相差达2000~3000米的深切河谷，谷底海拔1000~2000米，气候温和，森林资源丰富。南北走向的金沙江、沙鲁里山、雅砻江、大雪山、大渡河、岷山、邛崃山、岷江构成了川西北高原的主体。在各主要江河流经的高山峡谷区，切割强烈，地势高差悬殊山高谷深坡陡。如从四姑娘山主峰（6250米）东侧到岷江阿坝州境南端，直线距离仅59千米，地势高差则达到5470米。主峰东侧正沟源头海拔3550米，与主峰直线距离仅 5000 米，相对高差也达 2700 米。岷江主峰雪宝顶到阿坝州境内的涪江海拔最低点（1300 米），直线相距 30 千米，高差达 4288 米，比降高达 142.9‰。

2.1.3 地质灾害

四川藏区大地构造属于青藏板块东南缘，巴颜喀拉褶皱系，甘孜阿坝中生代褶皱带、阿坝黑水槽向斜的西南缘。第四纪以来，随川西高原迅速抬升，形成海拔 4000 米的高原。该区域也是新构造运动强烈地区，重力地貌发育强烈，泥石流、滑坡、崩塌以及地震等地质灾害经常发生、处处可见，是四川地质灾害的主要分布区域。四川是我国滑坡等地质灾害密集地区，而四川的滑坡又特别集中于金沙江、安宁河、雅砻江、大渡河流域和岷江上游，大部分位于四川藏区。

近年来，四川藏区先后受"5·12"汶川特大地震、"4·20"芦山地震等灾害破坏叠加影响，加之近年来局地强降雨和各类极端气候频繁出现，以及人类工程活动（爆破、开挖、堆载、切坡等）的影响，境内山体松动，滑坡、塌方、山洪、泥石流等次生灾害重、持续时间长、发生概率高、影响波及范围广，是全省乃至全国地质灾害重点地区、高危地区。据官方有关资料统计，仅 2011 ~ 2016 年，阿坝州共发生各类地质灾害 1549 起，年均发生次数超过 300 次，是地震以前年份的数倍乃至数十倍。全州已查明地质灾害隐患 4973 处，占全省地灾隐患总数近 1/8。甘孜州已查明地质灾害隐患点 4176 处，威胁到 5 万余户、28 万余人的生命安全（威胁人数占全州总人口的 25.69%），威胁财产约 140 亿元。其中，在社会发育程度相对较高的康东 4 县（市）（康定、泸定、丹巴、九龙），由于主要以高山峡谷地形为主，地质灾害隐患点集中，已查明 1789 处地质灾害隐患点，占全州总数的 42.8%。

2.1.4 气候环境

四川在藏区属高寒气候类型，冬季漫长，夏季低温。同时，因海拔高低悬殊，气温的梯度变化明显，温线与地形等高线的走向一致，海拔每升高1000米，气温一般下降6℃，故有"十里不同天"之说。区域内年均气温除金沙江、雅砻江、大渡河下游河谷地区在10℃~15℃之间外，其余多在6℃左右，高原牧区年均气温达0℃以下。最冷月平均气温2℃~12℃，最热月8℃~22℃。在河谷地区年平均气温为12℃以上，海拔较高、纬度偏北的地区在6℃以下。与严寒气候相伴的是，旱、涝、冰、雹等气象灾害频繁。降雨季节分布极其不均，冬干夏雨。雨季降水频繁，降水量占到全年降水量的80%~90%，常引发泥石流等灾害，造成道路、房屋等被冲毁。

除海拔较低的河谷地区外，在这一地区没有气候上的夏季，冬季可长达半年以上，春秋两季总共不到3个月，有的仅1个月。无霜期一般不超过100天，北部不到50天。干季少雨雪，日照强烈，湿度小，干旱严重。年降水量大部分为600~700毫米，集中在6~9月，占全年的70%~90%。尤其是雅砻江以西、雅江—巴塘一线以南的地区，年降水量仅300~600毫米，其中，得荣一带年降水量只有341毫米，冬季雨日平均不足1天。由于受纵向山峦的影响，背风深谷地带特别少雨，九顶山背风面的汶川和茂县，年降水量不足500毫米，横断山背风面的得荣县，年降水量仅325毫米。高原日照丰富，一般全年可达2000个小时以上，部分地区可达2300~2500个小时，超出四川盆地约一倍。

由于地处高海拔地区，大气平均含氧量仅为内地60%，其中海拔最高的石渠县的氧气含量仅为内地的43%，相当部分地区被科学界视为"生命禁区"。广大生活在高原的农牧民群众不仅难以具备基本的生产条件，而且难以具备基本的生存条件，维持生命所需的热量较高，人口身体素质普遍较差，各种常见病和大骨节病、包虫病等地方病高发，生命安全和身体健康受到严重威胁。

2.2　资源环境概况与特征

2.2.1　自然资源

四川藏区地域辽阔，地质构造复杂，成矿条件优越；大江大河众多，河流落差巨大；生物独特多样，原始森林广布，蕴藏着丰富的矿产、水能、生物、旅游等资源。

1. 水和水能资源

四川藏区属于中华民族母亲河——长江和黄河源区，孕育了金沙江、雅砻江、大渡河、岷江、嘉陵江、涪江、黄河等众多河流及大量的湖泊、湿地，是长江、黄河的重要水源地，素有"长江和黄河上游绿色生态屏障"和"天府之国水塔"之称。若尔盖湿地是我国三大天然湿地保护区之一，黄河上游水量的30%来源于此，素有"地球之肾""中华水塔""黄河蓄水池"之称。区内甘孜州面积占长江上游流域面积的15%；出境水量1088亿立方米，占长江上游径流总量的14.27%。四川藏区水资源总量占全省47.85%，区域内的金沙江、雅砻江、大渡河、岷江水系集中了全省80%以上的水能资源，仅甘孜、阿坝两州水能资源理论蕴藏量占全省43%，可开发量占全省41%，是国家西电东送基地的重要组成部分。

阿坝州流域面积在100平方千米以上的河流共计194条，分别属于长江水系的岷江、嘉陵江、大渡河和黄河水系的白河、贾曲、黑河，水资源总量为395.5亿立方米，每平方千米产水47.5万立方米，水能理论蕴藏量1933.4万千瓦，可开发量1400多万千瓦。甘孜州年径流总量为641.8亿立方米，占全省年径流总量的20.5%，人均占有水量8.2万立方米，为四川省平均水平的26倍，水能资源理论蕴藏量4119.2万千瓦，占四川水能资源总储量的29%，技术可开发装机容量达3658.3万千瓦。木里县水资源天然径流量为58.13亿立方米，国家规划在凉山境内雅砻江段滚动开发的6座特大型水电站中，就有5座在木里境内或边境上，总装机1272万千瓦；此外，境内的木里河、水洛河、鸭嘴河等河流总水能理论蕴藏量为467万千瓦，技术可开发量为380万千瓦。

2. 矿产资源

由于有优越的地质成矿条件，四川藏区是四川矿产资源集中区域之一，具有亚洲最大的锂矿基地，银、铜、铅、锌、铬、镍等储量居全省第一，在全国占有重要地位，此外该地区还富含砷、钨、锑、铂、镁、锰等资源。初步探明超大型和大型矿床40余处，中型矿床50余处，小型矿床百余处，其中包括亚洲第一大矿——康定呷基卡锂辉矿，"西南三颗明珠"之一的白玉呷村银多金属矿；已探明的黄金、白银、锂、铂、镍、铅、锌、泥炭等矿产资源储量名列全国前茅。

阿坝州已发现矿种54个，大型矿床12处，中型矿床10处，小型矿床36处，优势矿种有金、锂、花岗石、大理石、水泥用石灰石、泥炭、矿泉水、石榴子石、泥炭、温泉等。其中，探明黄金储量116吨，约占四川省的49%；探明锂辉矿储量（矿石量）1546.5万吨，居四川省第二位；已探明大理石储量1239万立方米，占四川省的33%；探明石榴子石储量1398万吨，占全国40%。泥炭储量72亿立方米，褐煤储量30亿吨。

甘孜州已发现矿种60个，大型矿床70个，中型矿床67个。已探明储量的矿种有41种，属大型规模的矿床有14个，中型5个。品种主要有金、银、镍、铜、铅、锌、锡、锂、铁、锰、云母、水晶、石棉等。几种主要矿藏已探明储量占省的比例为：铜27%、锌38%、镍84%、金56%、锂84%、铍82%、铌87%、镉25%。

3. 生物资源

四川藏区复杂多样的地形和气候条件，构成了千姿百态的生态环境，繁衍了极其丰富的生物资源，形成了广袤连绵的森林、草地和丰富多样的野生动植物群落系统。

四川的森林资源，特别是天然原始林，主要分布在四川藏区的长江上游干流及其主要支流的源头区域，是长江上游重要的水源涵养基地，也是全国第二大林区西南林区的主要部分。按有林地覆盖率计算，四川藏区约占全省的20%左右；按林业用地面积计算，四川藏区约占全省的一半；按活立木总蓄积量计算，四川藏区地区占全省活立木蓄积的约2/3以上。

四川藏区由于地形地势条件复杂，海拔垂直差异很大，形成了众多的草地类型。四川藏区天然草场面积占总面积的59.82%，是全国五大牧区之一。四川省有高寒草甸草地面积986.67万公顷，占全省草地总面积的48.41%，占全省草地理论载畜量的32%，是四川省天然草地的主体，主要分布于甘孜州、阿坝州海拔3000～4700千米地带，这类草地在全省畜牧业发展中占有极其重要的位置。

四川藏区是野生植物资源宝库，其植被在高山峡谷区域为亚高山针叶林和硬叶常绿阔叶林等，在高山和高原则以亚高山灌丛、亚高山草甸、高山灌丛和高山草甸等类型为主。至今在高山峡谷地区还保存着面积较大的原始亚高山针叶林。四川藏区野生药用植物资源也十分丰富，主要名贵药材有虫草、贝母、黄芪、红景天、薯蓣、沙参、大黄、黄芩、秦艽、龙胆、当归、乌头、蛇足石杉、沙棘、党参、赤芍、羌活、甘松、毛五加、独一味、雪莲花等。四川藏区兽类区系复杂多样，种类较多，并保存有以大熊猫和扭角羚为代表的古老原始的物种，是不少物种的起源地和分化中心。

4. 旅游资源

四川藏区气候带谱完整，地形地貌复杂，山川秀丽多彩，文化历史悠久，民族风情独特，旅游资源极为丰富。旅游资源特点鲜明，个性突出，原始风貌保存完整。有冰川、雪山、草原、江河、奇峰、峡谷、瀑布、温泉、湖泊、森林、珍稀动植物等大量的自然景观资源，有历史古迹、革命遗迹和源远流长的宗教文化以及古风尚存的风情民俗。四川藏区自然景观旅游资源绝少人工雕琢的痕迹，加之久远的历史沉淀和独特的民族文化，使旅游资源具有很高的观赏价值和科研价值，所构成的多方面的旅游功能，可满足不同层次和爱好的旅游需要。因此，四川藏区旅游资源以数量和品位在全省、全国乃至世界享有极高知名度。

四川藏区旅游资源分布广，品位高，有大香格里拉、大九寨、大草原、大熊猫等生态文化旅游圈和国道317、318中国最美景观大道等若干精品旅游线路。截至2016年底，有九寨沟、黄龙和四川大熊猫栖息地3个世界自然遗产地、5个国家级风景名胜区、14个国家4A级旅游景区、10个国家级自然保护区、14个全国重点文物保护单位、6个国家森林公园。"香格里拉"已成为举世公认的中国旅游品牌。四川藏区是康巴文化的发祥地，是中国香格里拉生态旅游核心区。四川藏区这些品位独特的旅游资源对高端市场吸引力巨大，具有很高的开发价值，旅游发展潜力巨大，是全省旅游发展潜力最大的区域。

2.2.2 生态环境

四川藏区是长江、黄河上游重要的生态屏障区，也是我国第二大林区长江上游林区的主体部分。由于历史和自然的原因，四川藏区生态环境十分脆弱。近年来，尽管在国家和省的支持下，四川藏区加大了对生态环境的治理力度，取得了明显成效，但生态环境恶化的趋势尚未得到根本改变。

1. 森林植被恢复难度大

1998年以前，国家在四川藏区采伐了大量森林资源，仅甘孜、阿坝两州初步统计，累计消耗森林资源达2.86亿立方米以上。在支援国家建设的同时，却承受了不可补救的生态损失和生态灾害，原始森林资源急剧减少。同时，由于自然条件恶劣，植被恢复能力差，有的甚至无法恢复，四川藏区森林覆盖率迅速下降。如阿坝州在元朝时森林覆盖率为50%左右，解放初期为30%，20世纪70年代末已降到18%。1998年四川开始实施天然林停伐、陡坡地退耕还林等为措施的"天保工程"以来，四川藏区生态环境逐步改善，但仍需几代人的共同努力，"绿色水库"才能建成，天然绿色屏障才能真正发挥其应有作用。

2. 草地退化沙化严重

四川藏区土地产出率低，草原载畜力低，畜草矛盾突出。在落后的生产方式下，贫困农牧民为了生存，愈贫愈垦愈牧，愈垦愈牧愈贫，土地和草场愈益退化，草原载畜力继续下降，形成人与自然的恶性循环。如甘孜州拥有1.42亿亩草地，占全州面积的61.7%，占全省草地面积的46.5%，是甘孜州的一大优势特色资源，是牧区群众赖以生存的根本。但由于草地退化严重，鲜草产量已由20世纪80年代初的218.2千克/亩和每8.4亩草地养活一个羊单位，下降到目前的约180千克/亩和11亩草地养活一个羊单位。目前，四川藏区退化沙化和病虫害草地面积占可利用草地面积的70%以上；甘孜州鼠虫害草地每年仍以235万亩的速度扩展，毒草危害面积不断扩大；阿坝州大面积的沙化地以每年11.8%的惊人速度向沙漠化过渡，已成为全国土地沙化速度最快的地区之一。

3. 水土流失严重

长期森林过伐和草原过牧造成严重的水土流失。由于自然条件差，防灾抗灾能力弱，随着植被减少，干旱河谷不断扩展，向半荒漠过渡的趋势有所增强。目前，四川藏区水土流失面积占幅员面积50%以上，其中阿坝地区每年流入长江、黄河的泥沙量达1.58亿吨；甘孜州水土流失面积6.21万平方千米，占总土地面积50.7%。

2.2.3 资源环境特征

1. 自然资源开发潜力大但开发水平较低

四川是自然资源大省，水和水能资源、生物资源、矿产资源和旅游资源等都在全国占有重要的地位，而这些资源相当大一部分都富集于四川藏区，并且相当多的自然资源的相对集中度和开发条件都较好。四川藏区矿产地相对集中，矿床的共伴生矿产多，具有重要的综合利用价值，有利于形成综合性矿物原料基地；由于河流落差普遍较大，因而具有工程造价低、年发电小时长和效益好的特点。四川藏区虽然耕地较少，但非耕地资源丰富，适合发展特色农产品，如名贵中药材、特色畜产品等。四川藏区相当一部分河谷地区日照充足，利于作物进行光合作用，有利于多种植物的生长和特色优势农业的发展。

四川藏区资源开发与资源禀赋极不相称。受交通、资金、技术等条件的制约，多数优势资源开发利用的程度还很低。以森林面积、活立木蓄积量、大牲畜头数、水资源量、草原面积等指标衡量，四川藏区人均占有资源量远高于全省和全国平均水平。但四川藏区的发展水平，尤其是人民的生活水平还很低，广大人民群众还未能从资源的合理有效利用中充分受益。以人均生产总值、人

第 2 章 四川藏区基本情况

均地方财政收入、城乡居民人均收入等指标衡量，四川藏区与全省有很大差距，与全国的差距更大。

2. 生态环境脆弱且生产生活条件恶劣

四川藏区的生态系统是全国最脆弱的生态系统之一。在这种恶劣的自然条件下，四川藏区相当多的区域属于不适合人类生存地区，大多数牧民长年生产生活在高原和高山峡谷区，其生存条件十分恶劣，不仅缺水、缺电、缺燃料等问题普遍存在，而且低温、暴雨、雪灾、霜冻、泥石流、冰雹、泥石流、旱灾、病虫灾、鼠害等自然灾害年年不断，已成为普遍现象，形成人口、资源、环境的尖锐矛盾。如甘孜州近118万人中，居住在生存条件十分恶劣、生存环境十分脆弱地区的农牧民高达20多万人，居住在山体滑坡、泥石流、地震等严重自然灾害频发区的农牧民达15万人。除基础设施条件极差外，脆弱的生态环境成为制约农牧民生产生活条件改善的重要因素。如天然林禁伐后，木材作为生活能源的来源受到限制，生活能源中的木材供给量越来越少。由于气候适宜人口居住的区域多数处于高山峡谷地区，但这些区域普遍没有建设空间，也极易受到地质灾害威胁。

3. 生态环境保护修复压力不断加大

受自然地理条件的制约，四川藏区生态建设与环境保护的难度较大。同时，由于生产力水平低下，生产方式落后，四川藏区的生产发展客观上不可避免地对生态环境造成很大冲击。但长期以来，生态保护的相关体制安排和政策设计缺失，人为因素对生态环境的破坏较为严重。作为四川藏区的主要财源，水电、矿产等资源开发产业给本区域的生态环境带来了程度不一的负面影响，长期以来产业经济发展与生态环境保护之间存在顾此失彼的问题。在几十年大量无序的砍伐中，四川藏区的森林资源只开发不保护。森林滥伐和草场过牧已造成森林蓄积量锐减，气候变坏，水量减少，草场退化，沙化扩大等生态问题的困扰。矿业开发所造成的泥石流、滑坡、山崩和水土流失等问题，已在不少地区造成严重灾害。牛粪是四川藏区牧区重要的生活燃料，但大量拾取牛粪作为燃料，减少了草原的肥力补给，加快了草场退化过程。

2.3 行政区划与人口概况

2.3.1 行政区划及沿革

四川藏区历来是祖国的重要组成部分。早在明清时期,四川省辖境已达川西高原。明代四川西部高原地区多为吐蕃(今藏族)聚居地,有的地区建置卫所,进行军屯。清初四川辖境已远达巴塘、理塘。从雍正朝至清末,实行"改土归流",加强了清王朝对四川边远地区的统治。1950 年设立西康省藏族自治区,1955 年西康省撤销(金沙江以东各县并入四川省),改设为四川省甘孜藏族自治州。1953 年建四川省藏族自治区,1955 年改名为阿坝藏族自治州,1987 年改名为阿坝藏族羌族自治州。1953 年木里藏族自治区(县级)成立,归凉山彝族自治州管辖。截至 2016 年底,阿坝州共辖 13 个县(市),174 个乡,46 个镇,辖区面积 8.3 万平方千米;甘孜州共辖 18 个县(市),273 个乡,52 个镇,辖区面积 14.96 万平方千米;木里县共辖 29 个乡镇,辖区面积 1.32 万平方千米。

2.3.2 人口

1. 人口总量及地域分布

截至 2016 年底,四川藏区有人口常住人口 225.2 万人,占全省常住人口总数的 2.73%。其中,阿坝州 93.46 万人,甘孜州 118.05 万人,木里县 13.69 万人。四川藏区各县人口普遍较少,32 个县(市)平均人口为 7 万人,仅为全省县均 45.32 万人的 15.67%。常住人口超过 10 万人的县仅 5 个,低于 5 万人的县有 7 个(见表 2-1)。

表2-1　　　　　　　　　四川藏区各县常住人口数量　　　　　　　单位：万人

县（市）	常住人口	县（市）	常住人口	县（市）	常住人口
马尔康市	5.98	若尔盖县	7.74	德格县	8.65
汶川县	10.02	红原县	4.83	白玉县	6.07
理县	4.85	康定市	13.53	石渠县	10.11
茂县	11.09	泸定县	8.89	色达县	6.14
松潘县	7.51	丹巴县	7.04	理塘县	7.31
九寨沟县	8.12	九龙县	6.61	巴塘县	5.25
金川县	7.45	雅江县	5.52	乡城县	3.53
小金县	7.99	道孚县	5.99	稻城县	3.34
黑水县	6.05	炉霍县	4.89	得荣县	2.80
壤塘县	4.18	甘孜县	7.25	木里县	13.69
阿坝县	7.65	新龙县	5.13	合计	225.20

数据来源：《四川统计年鉴》（2017）。

四川藏区广阔的幅员面积与极少的人口形成鲜明对比，2016年四川藏区人口密度仅为9.16人/平方千米，同期全省人口密度为169.97人，四川藏区人口密度仅为全省平均水平的5.39%。其中，阿坝州人口密度为11.26人/平方千米，甘孜州为7.89人/平方千米，木里县为10.37人/平方千米（见表2-2）。

表2-2　　　　　　　　　　四川藏区人口密度

	面积（平方千米）	人口（万人）	人口密度（%）
阿坝州	8.3	93.46	11.26
甘孜州	14.96	118.05	7.89
木里县	1.32	13.69	10.37
四川藏区	24.58	225.2	9.16
四川省	48.61	8262	169.97

数据来源：根据《四川统计年鉴》（2017）整理得出。

2. 人口的城乡分布

四川藏区处于城镇化初始阶段，2016年农村人口占总人数比重为86.03%，城镇化率低于全省17.29个百分点。其中，阿坝州城镇化率为36.86%，甘孜州为29.26%。32个县（市）中，州府所在地和海拔较低区域城镇化率较高，其中康定市达到52.38%，超过全省平均水平；高于40%的县有6个。高海拔地区城镇化水平普遍偏低，有5个县低于20%、16个县低于30%（见表2-3）。

表2-3　　　　　　　　四川藏区州县城镇化率　　　　　　　　单位：%

县（市）	城城镇化率	县（市）	城城镇化率	县（市）	城城镇化率
阿坝州	37.86	阿坝县	26.91	德格县	18.00
甘孜州	29.26	若尔盖县	28.60	白玉县	19.12
马尔康市	49.83	红原县	33.06	石渠县	17.71
汶川县	45.93	康定市	52.38	色达县	22.18
理县	35.84	泸定县	42.51	理塘县	38.05
茂县	45.79	丹巴县	30.29	巴塘县	30.52
松潘县	37.41	九龙县	22.58	乡城县	27.28
九寨沟县	49.14	雅江县	23.37	稻城县	23.82
金川县	31.81	道孚县	28.54	得荣县	21.20
小金县	35.63	炉霍县	28.92	木里县	15.05
黑水县	35.66	甘孜县	30.88	四川藏区合计	31.97
壤塘县	22.56	新龙县	15.40	四川省	49.26

数据来源：《四川统计年鉴》（2017）。

3. 人口的民族构成

四川藏区民族有藏、彝、羌、回、蒙古、纳西、满、土、苗族等。根据第六次全国人口普查结果，四川藏区藏族人口约有139万人，约占总人口的63%。其中，阿坝州藏族人口为约49万人，占54.50%；羌族人口为15.8万人，占17.58%；汉族人口为22万人，占24.55%。甘孜州藏族人口为85.5

万人，占 78.29%，汉族人口为 20 万人，占 18.24%；木里县藏族人口 4.5 万人，占 33.7%（见表 2-4）。

表 2-4　　　　　　　　　四川藏区藏族人口及比重　　　　　　单位：万人，%

地区	藏族人口	藏族人口占比
阿坝州	49	54.5
甘孜州	85.5	78.29
木里县	4.5	33.7
合计	139	63

数据来源：根据四川省阿坝州、甘孜州和木里县 2010 年《第六次全国人口普查主要数据公报》整理。

4. 人口的文化素质

四川藏区人口受教育程度严重偏低，根据第六次人口普查数据分析，具有大学文化人口比重约为 6.68%，与四川省平均水平持平；具有高中文化人口比重为 6.99%，低于全省 4.26 个百分点；具有初中文化人口比重为 18.04%，低于全省 16.85 个百分点；具有小学文化人口 40.09%，高于全省 5.46 个百分点（见表 2-5）。此外，四川藏区文盲率极高，15 岁以上不认识字的人口比例，例如阿坝州为 12.39%，甘孜州为 30.19%。

表 2-5　　　　　　　　　四川藏区人口受教育情况　　　　　　单位：人，%

地区	大学		高中		初中		小学	
	数量	占比	数量	占比	数量	占比	数量	占比
阿坝州	68251	7.60	77556	8.64	214545	23.90	375819	41.86
甘孜州	68227	6.25	65395	5.99	152903	14.00	420180	38.48
木里县	5110	3.93	5283	4.06	15021	11.55	53823	41.40
四川藏区	141588	6.68	148234	6.99	382469	18.04	849822	40.09
四川省	5368247	6.68	9045020	11.25	28056852	34.89	27846524	34.63

数据来源：根据四川省阿坝州、甘孜州和木里县 2010 年《第六次全国人口普查主要数据公报》整理。

由于相当部分农牧民缺乏基本的现代文化知识，适应市场经济发展的经营能力弱，甚至缺乏市场经济的基本常识，劳动技能差，有的甚至连自给自足的家庭经济的经营能力都不具备，自我发展难度大。四川藏区农村中，能掌握一至两门种养业实用技术和会某种手艺的专门人才非常少。劳动力的科技素质低，使四川藏区在现代技术的普及与推广应用、优势资源的开发利用、生产要素的整合、工业经济的发展等方面都产生了一系列难以克服的困难和障碍。

2.4 经济发展概况与特征

2.4.1 经济综合实力

新中国成立，使四川藏区从奴隶制社会和半封建、半农奴社会"一步跨千年"地迈入社会主义社会，发生了翻天覆地的变化。但是，由于历史原因，四川藏区生产力水平的起点很低。经过半个多世纪的建设发展，尤其是西部大开发战略实施以及第五次西藏工作座谈会做出统筹西藏以外藏区经济社会发展战略部署后，四川藏区经济取得较快发展。但由于基础差、条件差，发展速度仍然相对较慢，生产力水平低下的状况并未得到根本改变。与全省相比，仍属经济发展落后地区，而且发展差距还有拉大的趋势，必须进一步加快发展。

2016年，四川藏区地区生产总值540.86亿元，仅占全省的经济总量的1.6%。人均地区生产总值为24587元，仅约为全省的62%、全国的46%左右。第一产业增加值109.03亿元，占地区生产总值比例为20.2%；第二产业增加值为231.23亿元，占地区生产总值比例为42.7%；第三产业增加值为200.6亿元，占地区生产总值比例为37.1%。全社会固定资产投资903.37亿元，仅为全省3%左右。社会品零售总额172.63亿元，仅为全省11%；地方一般公共预算收入为70.47亿元，仅为全省2.1%（见表2-6）。

第 2 章 四川藏区基本情况

表 2-6 2016 年四川藏区主要经济指标

指标	单位	四川省	藏区	甘孜州	阿坝州	木里县
地区生产总值	亿元	32680.5	540.86	229.8	281.32	29.74
人均 GDP	元	39695	24587	19596	30171	21007
第一产业	亿元	3924.08	109.03	59.27	44.05	5.71
第二产业	亿元	13924.73	231.23	82.71	132.9	15.62
工业增加值	亿元	11569.79	167.04	50.3	108.32	8.42
第三产业	亿元	14831.69	200.6	87.82	104.37	8.41
全社会固定资产投资	亿元	29126.03	903.37	438.28	393.68	71.41
社会消费品零售总额	亿元	15501.87	172.63	81.59	83.88	7.16
地方一般公共预算收入	亿元	3389.43	70.47	32.26	32.6	5.61

数据来源：《四川统计年鉴》（2017）。

2.4.2 经济发展结构

随着经济的发展，四川藏区的产业结构调整取得了一定的成效，但与全省相比，结构调整的步伐相对较慢，传统经济的结构特征仍然突出。第一产业的增加值比重仍然比全省高出 8.2 个百分点，第三产业低于全省 8.3 个百分点。近年来，受水电开发大规模开发及基础设施建设带来的建筑业快速发展影响，第二产业成为地方经济发展的支柱产业，第二产业增加值占比高于全省 0.2 个百分点（见表 2-7）。需要说明的是，尽管从指标上看，四川藏区第二产业增加值占比高于全省，但并不能说明该地区工业化进程快于全国，相反，这是由于资源短期快速开发导致的不健康的产业结构，过于依靠投资拉动和资源开发的经济增长模式不具备长期可持续发展的基础，也不符合区域发展的主体功能定位。

表 2-7 四川藏区三次产业增加值占比 单位：%

产业	全省	藏区	甘孜州	阿坝州	木里县
第一产业	12.0	20.2	25.8	15.7	19.2

续表

产业	全省	藏区	甘孜州	阿坝州	木里县
第二产业	42.6	42.8	36.0	47.2	52.5
工业	35.4	30.9	21.9	38.5	28.3
第三产业	45.4	37.1	38.2	37.1	28.3

数据来源：根据《四川统计年鉴》（2017）整理。

2.4.3 城乡收入比较

四川藏区农牧民生活水平较低，2016年农牧民人均纯收入仅为9778元，分别为四川和全国平均水平的87%和79%。同时，四川藏区城乡二元结构十分突出，城乡经济社会发展分化严重，尤其是城乡收入差距仍然较大。2016年四川城乡居民收入之比为2.5∶1，而四川藏区的城乡居民收入差距达到2.8∶1，广大农牧民还未充分分享到改革开放和经济发展的成果（见表2-8）。

表2-8　　　　　　四川藏区城乡居民收入及比值

地区	农村居民人均可支配收入（元）	城镇居民人均可支配收入（元）	城乡居民收入比
阿坝州	10702	28048	2.6
甘孜州	9367	27101	2.9
木里县	8006	23462	2.9
四川藏区	9778	27478	2.8
四川省	11203	28335	2.5

数据来源：根据《四川统计年鉴》（2017）整理。

2.5 社会发展概况与特征

2.5.1 社会发育水平

1. 生产生活方式传统

由于特殊地理位置，四川藏区长期处于相对封闭的环节中，且从封建农奴制、奴隶制社会一步跨越进入社会主义阶段的，长期以来的封闭状态阻碍了社会发育的步伐，生产方式和生活方式又不可能在短期内就得到根本改变，因此传统观念、旧的思维方式，甚至是封建文化意识在相当多的地方仍大行其道，深深地束缚着农牧民的思想意识，影响着广大农牧民的生产生活行为。四川藏区农牧民自给自足的生产观念浓厚，商品意识较为淡薄。在农区奉行着"自给自足不出门"的信条；在牧区以"帐篷内有装的（指酥油茶、糌粑），帐篷外有拴的（指牛、马、羊）"为满足；半农半牧区则以追求"养牛为种田，养猪为过年，养羊为御寒，养鸡为换盐"为目标。部分牧民养牛却不愿杀生，养老牛和放生牛的现象突出，甚至有的遇到虫害也不愿杀虫，听任庄稼被虫害蚕食；不少贫困劳动力宁愿在家挨饿，也不愿出外打工。受观念的影响，牧区家长、学生接受现代文化教育的愿望较低，实用农技普及和推广应用的难度较大。个别边远村寨仍有刀耕火种、广种薄收的习惯。近年来，随着交通、信息基础设施改善，内地和藏区农牧民交往更加便利，也对农牧民的传统生产生活方式产生了一定影响，但要彻底改变还需要很长时间才能实现。

2. 宗教习俗影响深刻

藏族历史受到中原文明和印度文明影响，形成独具特色的藏传佛教，藏族群众群体性信仰藏传佛教，藏传佛教对人民的思想、文化、生活影响很深。四川藏区信教群众众多，宗教文化占有重要的地位，该地区基本上属于全民信教的区域。宗教教义通过影响广大农牧民的生活理念和行为准则，也对社会发展产生了深刻的影响。随着党的民族宗教政策的落实，宗教在促进四川藏区社会和谐稳定、民族团结以及优秀民族文化传承等方面都发挥了积极的作用。但同时也应看到，某些宗教教义所推崇的一些观念，客观上也存在与社会发展不相适应的方面。如大量男性青年出家为僧，影响了人口性别结构和比例；农村劳动力大量减少，影响生产力水平和群众生活水平提高；信教民众宗教支出占收入比例较高，减少了用于教育和再生产的投资。

2.5.2 社会事业发展

近年来，四川藏区社会事业在国家和地方政府的高度重视和支持下，取得了长足发展,用于科技、教育、文化、医疗、卫生、体育等领域投入明显增加,社会事业发展短板得到了一定程度的缓解。

1. 教育事业

近年来,四川藏区先后实施"9+3"免费教育计划和十五年免费教育,藏区软硬件办学条件明显改善,适龄儿童入学率达到96.42%,新增劳动力教育年限达到6年。根据阿坝州和甘孜州2015年的《国民经济和社会发展统计公报》显示,截至2015年底,阿坝州共有各类学校669所(高等院校1所,高中19所,中等职业学校4所,初中57所,幼儿园322所),小学学龄儿童入学率99.8%,全州在校"9+3"毕业生就业率达96.7%;甘孜州共有各类学校860所(高等院校1所,中等职业学校3所,中学52所,小学413所,幼儿园389所,特殊教育学校2所),学前三年毛入园率达到63%,小学毛入学率达到116.99%(净入学率99.11%),初中毛入学率达到118.78%(净入学率96.01%),义务教育巩固率达到94%,高中阶段毛入学率达到83.58%。

2. 医疗卫生事业

医疗卫生事业发展落后是长期制约藏区农牧民身体素质提高的重要因素。由于医疗卫生落后,四川藏区农牧民身体素质普遍偏低,各种高原病症和地方疾病发生频率高而得不到及时有效治疗,导致人口死亡率较高、平均寿命较短。老、少、弱、病、残、孤、寡等弱势群体比例增大,丧失基本劳动能力,因病致贫、因病返贫现象突出。近年来,四川藏区把改善医疗条件作为民生投入的重要方向,公共卫生服务体系加快健全,群众健康水平明显提高,居民预期寿命达到70岁左右,千人拥有卫生技术人员数量达到5.78人,基本达到全省平均水平。根据阿坝州和甘孜州2015年的《国民经济和社会发展统计公报》显示,截至2015年底,阿坝州有卫生机构(含村卫生室)1649个,卫生机构拥有床位4435张,有卫生技术人员5518人;孕产妇死亡率22.32/10万人、婴儿死亡率9.49‰,均低于全省民族地区平均水平。甘孜州有卫生机构2724个,病床总数5068张,有卫生技术人员6208人,卫技人员人均服务半径24.58平方千米。

3. 科技事业

四川藏区科技要素资源严重不足，主要科技指标均明显低于其经济总量占全省的比重，对经济发展的支撑力弱。有实力的科技机构少，科技基础设施水平差；科技人员极度短缺，并且受生活条件的影响，科技人员稳定困难，大量人才流向发达地区。尤其是与四川藏区发展密切相关的生态环境保护和优势矿产、水能资源开发领域，缺乏相应的科技基础条件平台的支撑，推进跨越式发展缺乏后劲。在生产建设一线的科技人才严重不足，影响企业创新能力的提高。

第 3 章

四川藏区繁荣发展的总体战略

3.1 四川藏区发展的成就与面临困难

3.1.1 四川藏区发展取得的成绩

长期以来,由于国家对西藏和包括四川藏区在内的四省藏区发展采取差异化支持政策,四川藏区发展尽管得到国家大力扶持,但发展速度较慢于西藏和内地。2008年,中央为加快藏区整体发展,做出了统筹西藏以外藏区发展的战略部署,并出台了《国务院关于支持青海等藏区经济社会发展的若干意见》。此后的中央第五次、第六次西藏工作座谈会均对四川、云南、青海、甘肃等省藏区经济社会发展做出了重要部署,制定了系列特殊政策,加大了项目、资金等支持力度,有力促进了藏区的快速发展和协调发展。四川藏区也在中央和四川省委、省政府的大力支持下,坚持把发展作为"第一要务"和解决一切问题的"总钥匙",坚持把改善民生、凝聚人心作为出发点和落脚点,一大批关系长远发展的改善民生、基础设施、生态保护、基层政权和产业升级项目得以深入实施,经济社会发展取得了历史性成就,四川藏区进入了经济增长最快、社会进步最显著、人民生活改善最明显的历史时期,已经站到了新的发展起点。

第3章 四川藏区繁荣发展的总体战略

1. 经济保持持续快速发展

近年来,四川藏区把解决制约区域发展的重点难点问题作为投资的主要方向,加大交通、能源、社会事业领域的投资力度,有力支撑了区域经济持续快速发展。2010~2016年,地区生产总值年均增长12.3%,高于四川省平均水平2.3个百分点,由270.68亿元增长到540.86亿元,人均地区生产总值由12949元提高到24587元。其中,第一产业增加值年均增长5.50%,由2010年的57.17亿元提高到2016年的109.03亿元;第二产业增加值年均增长17.20%,由110.10亿元提高到231.23亿元;第三产业增加值年均增长10.3%,由103.41亿元提高到200.60亿元。全社会固定资产投资由2010年的616.52亿元,提高到2016年的903.37亿元,年均增长9%。社会消费品零售总额由2010年的75.06亿元提高到2016年的172.63亿元。地方公共财政收入由2010年的34.83亿元提高到2016年的70.47亿元(见表3-1)。

表3-1　　　　2010~2016年四川藏区主要经济指标及增速

指标	2010	2011	2012	2013	2014	2015	2016	年均增长(%)
地区生产总值(亿元)	270.68	340.39	401.35	459.72	480.72	505.73	540.86	12.30
第一产业增加值(亿元)	57.17	69.56	79.28	87.30	95.47	100.68	109.03	5.50
第二产业增加值(亿元)	110.10	147.27	181.77	214.47	216.13	220.40	231.23	17.20
第三产业增加值(亿元)	103.41	123.57	140.30	157.95	169.12	184.65	200.60	10.30
全社会固定资产投资(亿元)	616.52	692.66	784.06	888.22	929.97	912.30	903.37	6.50
社会消费品零售总额(亿元)	75.06	88.14	101.94	114.74	129.10	156.71	172.63	14.90
地方公共财政收入(亿元)	34.83	43.70	50.97	51.06	60.98	68.26	70.47	12.50
城镇居民家庭人均可支配收入(元)	15457	17781	20345	22240	24197	25373	27478.00	12.80
农村居民家庭人均纯收入(元)	3199	4043	5076	5992	6960	8817	9778	22.30

数据来源:根据《四川统计年鉴》(2011~2017)整理。

2. 特色优势产业加快发展

四川藏区最大的优势是资源优势，先天的制约是生态环境。近年来，四川藏区依托资源优势，立足区域主体功能，积极探索生态保护和资源开发和谐统一的生态经济发展模式，积极推动产业发展生态化和生态资源产业化，加快生态优势、资源优势向发展优势、经济优势转化，进一步提升"自我造血"能力。在保护环境前提下，加快旅游、水电、农牧等特色资源开发进程。

四川藏区把实施全域旅游战略作为推动经济社会转型发展的重要突破口，加快发展生态旅游产业，阿坝州、甘孜州成功创建首批国家级全域旅游示范区，加快打造"大九寨""大香格里拉""大草原"旅游经济圈和中国最美景观大道——国道318、317线川藏世界旅游目的地，建成国家5A级旅游景区3个、4A级旅游景区14个，形成"北有九寨黄龙、南有贡嘎亚丁"新格局。2016年接待游客5092.79万人次，实现旅游收入454.6亿元，旅游业已成为促进藏区快速发展的支柱产业。

特色农牧业是农牧民增收致富的基础产业，近年来，四川藏区加快传统农牧业向现代农牧业转型升级，大力发展精准农业、特色养殖、生态林果、乡村旅游等特色农业，着力培养优质粮油、绿色蔬菜、特色水果、生态食用菌、道地中药材、特色畜禽、生态林果、休闲农业产基地，种植业结构调整力度不断加大，产品产量持续增长，畜牧业健康发展，出栏稳定增加，农村经济总量进一步增长。培育农牧业新型经营主体2600余家，实现农牧业增加值超百亿元，以"圣洁甘孜""净土阿坝"为代表的一大批品牌农产品，以其生态、优质、安全等突出优势，走出四川、享誉全国。

四川藏区水、风、光等能源资源富甲天下，能源资源开发对区域经济发展的带动作用十分明显，近年来，四川藏区科学有序加快水电、风能、太阳能等优势资源开发，泸定、毛尔盖、卡基娃等水电站先后投产发电，双江口、杨房沟、两河口、苏洼龙、叶巴滩等项目核准开工，建成水电装机容量超2300万千瓦。首座高原聚光光伏电站——红原花海电站1期、2期工程总装机容量20兆瓦并网发电。

四川藏区受资源环境约束，布局工业产业基地受到制约明显。为支撑藏区发展，四川省率先在全国探索省内发达市与藏区合作共建"飞地"产业园区，先后规划建设成都—阿坝、甘孜—眉山、成都—甘孜、德阳—阿坝等飞地园区，规划面积78.5平方千米、建成区面积23.5平方千米，截至2015年底入驻规模以上企业94户，成阿园区2010年获批为省级开发区。共建双方着眼优势互补，共同招商引资，发挥"留存电量"等政策叠加效应，积极打造经济增长新引擎，经济发展逐步从粗放、分散经营向集中、规模化经营转变。

3. 基础设施条件明显改善

改善基础设施条件是破解区域发展短板的关键环节，也是破解区域发展难题的优先领域，也是国家投入的重点方向。近年来，四川藏区加大交通、能源等重大基础设施建设，长期制约区域经济社会发展的难题得到初步化解，为藏区持续繁荣发展奠定了坚实基础。

一是把交通建设作为基础设施建设的优先方向。坚持用大交通促进大开放大发展大交融，优先突破关键性基础制约"瓶颈"。2013年以来，深入实施"三年交通大会战"，累计改造国省干线2900余公里、新改建农村公路14290公里，藏区公路通车总里程已达5.23万公里。成兰铁路四川境内段、川藏铁路成都（朝阳湖）至雅安段开工建设，川藏铁路雅安至康定（新都桥）段完成可研报告编制。成都至都江堰至阿坝州汶川高速2012年建成通车，实现了藏区高速从无到有的突破。雅安至康定、汶川至马尔康高速2014年全线开工，将结束藏区州府不通高速公路的历史。绵阳至九寨沟高速控制性工程白马隧道开工建设，康定至新都桥等高速公路前期工作加快推进。国道318、317线控制性工程高尔寺山隧道、雀儿山隧道正式贯通。以通乡通村公路和"溜索改桥"为重点，全面推进农村公路建设，努力解决群众出行"最后一公里"问题。继九黄、康定机场之后，稻城亚丁、阿坝红原机场正式通航，通航机场达到4个；甘孜机场获批立项，试验段工程和进场公路开工建设。

二是强力推进电力和水利等基础设施建设。电力基础设施方面，新甘石"电力天路"工程建成，川藏电力联网工程竣工投运，无电地区电力建设工程全部完成，所有县接入主干电网，全面解决10万余户无电人口用电问题和县域电网"孤网"运行问题。水利基础设施方面，石渠洛须、金川崇化等13个大中型水利工程有序推进，新增有效灌溉面积8220公顷，建成各类小型水利工程1.3万处，解决157.7万人安全饮水问题。

4. 城乡居民生活水平明显提高

保障和改善民生，是提高城乡居民生活水平，是四川与全国同步实现小康社会的根本要求。根据中央关于藏区经济社会发展的总体要求，到2020年藏区居民收入和基本公共服务水平要达到西部平均水平。针对四川藏区农牧民收入水平低、公共服务体系建设滞后，四川藏区各级党委、政府把提高居民收入作为经济社会发展的优先方向，大力实施民生工程，持续推进扶贫解困、就业社保、教育、医疗卫生、文化、住房等重点民生项目，仅2013~2016年就累计投入资金235.4亿元，有效改善了藏区群众基本生产生活条件，进一步提升了基本公共服务均等化和民生保障水平。

一是城乡居民收入快速增长。2010~2016年，四川藏区农牧民人均可支配收入年均增长22.3%，快于同期地区生产总值年均增速10个百分点，由2010年的3199元提高到2016年的9778元；城镇居民人均可支配收入年均增长12.8%，快于同期地区生产总值0.5个百分点，由2010年的15457元提高到2016年的27478元（见表3-1）。

二是脱贫解困取得决定性成果。四川藏区是整体贫困区域和深度贫困区域，贫困的代际传递和地方病及恶劣的生产生活条件相互交织，导致贫困人口数量多、贫困程度深、返贫率高，脱贫攻坚面临巨大挑战。四川藏区把解决区域性整体贫困作为改善民生的重要抓手，强力推进扶贫解困，贫困人口从2010年的62.02万人下降到2016年的约19.73万人，贫困发生率降低到12.8%，近三年完成易地扶贫搬迁贫困人口10.1万人。阿坝州扶贫开发和综合防治大骨节病试点和成果巩固提升工作效果明显，累计治疗28万人次。

三是公共服务体系不断健全。就业社保方面：城镇登记失业率有效控制在4.2%以内。2011年7月，先于全省提前实现城镇居民社会养老保险制度全覆盖。城乡基本养老保险参保人数达96.1万人，保障城乡低保对象42.32万人。教育发展方面：2013年秋和2015年春，阿坝州与甘孜州分别开始实施从幼儿园到高中的15年制免费教育。2009年，在全国率先实施藏区"9+3"免费教育计划，累计招收学生 6.4 万人，毕业生初次就业率稳定在 99% 左右。医疗卫生方面：每千人拥有卫技人员数达到 5.36 人，巡回医疗共下派医务人员 2.29 万人次，诊治农牧民 147 万人次，累计完成包虫病筛查 167 万人次、药物治疗对 1.5 万余名。文化繁荣方面：县级图书馆、文化馆、乡镇综合文化站实现免费开放，发放安装广播电视户户通直播卫星接收设备约 7 万套，实施广播村村响工程 1369 个，放映农村公益电影 25 万余场次。

5. 生态保护与建设进入良性循环新阶段

四川藏区作为国家重要的高原生态屏障和长江上游生态防线，加强该地区生态保护与建设对于维系中华民族生态安全具有重要战略意义。近年来，四川藏区牢固树立生态优先的发展理念，把生态保护和建设作为促进区域可持续发展的前提，加大重大生态工程建设力度。大力实施《川西藏区生态保护与建设规划（2013~2020 年）》，累计治理沙化土地 51.93 万亩、石漠化土地 98.72 万亩，藏区森林覆盖率进一步上升至 30.3%，草原综合植被覆盖度上升至 84.7%，生活垃圾处理能力达到 538 吨/日，国家级自然保护区由 7 个增加到 9 个，川西北地区成功创建国家第二批生态文明先行示范区。经过多年的努力，四川藏区生态环境出现了明显改善，初步遏制了生态持续恶化的趋势。

3.1.2　四川藏区发展面临的特殊困难

尽管四川藏区发展成就举世瞩目，但由于经济社会发展起点低、历史欠账较多，一些制约经济社会发展的问题短期内仍难以根本发生改变，同时随着经济社会发展而产生的一些新的矛盾又在不断凸显，四川藏区发展仍然面临诸多的挑战。

1. 经济增长速度放缓与发展差距日渐扩大

尽管 2010 年以来，四川藏区经济增长速度快于全省，但这主要归结于汶川地震后灾后重建的大规模投资及国家对藏区基础设施的巨额投入。随着灾后重建的完成和藏区重大基础设施建设投入力度放缓，地区生产总值增长速度明显下降，由

2010年的16.5%，下降到2016年的6.5%，下降了10个百分点，高于同期全国国内生产总值增速下降幅度6.1个百分点，高于四川省地区生产增速下降幅度2.6个百分点，也高于西藏地区生产总值增速下降幅度7.7个百分点（见表3-2）。

表3-2 四川藏区与全国、四川、西藏的经济增速和人均地区生产总值

	地区生产总值增速（%）				人均地区生产总值（元）			
	全国	四川省	西藏	四川藏区	全国	四川省	西藏	四川藏区
2010	10.6	15.1	12.3	16.5	30876	21182	17027	12949
2011	9.5	15	12.7	14.8	36403	26133	20077	16008
2012	7.9	12.6	11.8	13.2	40007	29608	22936	18711
2013	7.8	10	12.1	11.1	43852	32617	26326	21186
2014	7.3	8.5	10.8	5.0	47203	35128	29252	21650
2015	6.9	7.9	11	6.5	49992	36775	31999	22830
2016	6.7	7.7	10	6.5	53980	39695	35143	24587

数据来源：根据《中国统计年鉴》（2017）、《四川统计年鉴》（2011~2017）整理。

四川藏区在地区生产总值增速明显放缓的同时，与全国、全省和西藏的发展差距也在日趋扩大。与全国比较，2010年四川藏区人均地区生产总值仅为全国的41.94%，人均地区生产总值与全国绝对差距由2010年的17927元扩大到2016年的29393元。与四川省比较，2010年四川藏区人均地区生产总值仅为四川省的61.1%，该比例在2013年后还有所下降，人均地区生产总值与四川绝对差距由2010年的8233元扩大到2016年的15108元。与西藏相比，2010年四川藏区人均地区生产总值仅为西藏的76%，最高的年份达到82%，人均地区生产总值与西藏的绝对差距由2006年的4078元扩大到2016年的10556元（见表3-3）。

表3-3 四川藏区人均地区生产总值与全国、四川、西藏的比较

年份	四川藏区人均地区生产总值与目标区域比值			四川藏区人均地区生产总值与目标区域绝对差距（元）		
	全国	四川	西藏	全国	四川	西藏
2010	0.42	0.61	0.76	17927	8233	4078

续表

	四川藏区人均地区生产总值与目标区域比值			四川藏区人均地区生产总值与目标区域绝对差距（元）		
年份	全国	四川	西藏	全国	四川	西藏
2011	0.44	0.61	0.80	20395	10125	4069
2012	0.47	0.63	0.82	21296	10897	4225
2013	0.48	0.65	0.80	22666	11431	5140
2014	0.46	0.62	0.74	25553	13478	7602
2015	0.46	0.62	0.71	27162	13945	9169
2016	0.46	0.62	0.70	29393	15108	10556

数据来源：根据《中国统计年鉴》（2017）、《四川统计年鉴》（2011~2017）整理。

2. 投资增长的不可持续与增长动力的减弱

四川藏区人口较少，依靠消费促进经济增长作用甚微，经济增长主要依靠投资拉动。西部大开发战略实施以来，尤其是第五次、第六次西藏工作座谈会以来，中央和四川省对四川藏区加大投资力度，极大改善了藏区经济社会发展条件，投资也成为促进藏区发展的主要动力。但近年来，随着大规模投资建设接近尾声，固定资产投资增长乏力问题十分突出。2010年以来，四川藏区固定资产投资增速总体呈现逐年递减趋势，2015~2016年连续两年负增长。同时，由于藏区建设资金十分缺乏，地方财力相当有限，州、县财政配套项目建设资金有限，导致不少项目无法施工，影响了项目建设的后续投入，这也是导致投资增速放缓的重要因素。从长远看，由于占投资绝对比重的基础设施领域投资高峰已过，四川藏区投资规模将呈逐年递减趋势，经济增长的动力也将随之减弱，四川藏区经济发展不可避免进入低增长区间。

3. 优势资源开发加速与资源环境的硬约束

当前，四川藏区已经进入水电、矿产、农牧业、旅游等特色资源开发的高峰期，需要大量开发用地和环境容量来支撑资源开发。但四川藏区总体属于重点生态功能区，可用于工业化城镇化开发利用的土地资源分布不均，主要集中于峡谷地带，扣除必须保护的耕地和已有建设用地，基本已无开发建设的土地。同时，四川藏区生态系统脆弱，生态修复能力薄弱，地质灾害隐患多，水土流失和生态植被破坏十分严重，环境容量十分有限，在产业布局、城镇发展等方面受到的政策和自然生态刚性约束强，要在脆弱的生态环境下大规模推进资源开发将面临巨大挑战。

4. 产业结构的单一性和低层次性

四川藏区资源富集，但开发利用率极低，与丰富的资源禀赋极不相称，产业发展仍然处于起步阶段。尽管从三次产业结构分析，四川藏区产业结构调整取得积极进展，但产业结构层次低、结构较为单一的问题仍没有得到有效改善。一是四川藏区呈现的农牧业型经济形态，2016年第一产业占地区生产总值高达20.2%，尽管低于第二产业和第三产业占比，但从事农牧业生产的人员占从业人员的比重达到70%以上，农牧民收入的主要来源也是从事农牧业生产；同时，农牧业生产方式传统，小农生产特征十分明显，农业生产效率低，农业生产主要用于满足自身消费需要，是典型的传统农业生产方式。二是产业具有显著的初级原料型特征，农产品和工业产品主要以初级原料为主，产业链条短、产品附加价值低，尤其是近年来，随着水电产业开发，水电成为藏区支柱产业，在部分县（市）水电产业增加值达到地区生产总值70%以上，水电产业对地方经济的贡献十分突出。三是资源开发的进程缓慢，四川藏区除水电开发程度相对较高外（占水电可开发量的比重仍然相对较低），农业、旅游资源开发仍处于起步阶段，尤其是对藏区各级党委、政府寄予厚望的旅游产业发展十分缓慢，除阿坝州旅游产业已形成一定规模和影响力外，甘孜州、木里县旅游产业开发层次较低，大多数景区仍处于原始状态，缺乏必要的接待能力。

5. 脱贫的艰巨性与贫困人口自我发展能力缺失

四川藏区属整体贫困区域，农牧民人均纯收入低，贫困人口数量多，贫困程度深，尤其是相当部分农牧民缺乏持续脱贫能力，贫困代际传递问题普遍，因灾、因病、因学致贫返贫现象长期存在，扶贫开发任务异常艰巨。面对艰巨的脱贫攻坚任务，各级党委加大了对藏区的扶持力度，国家和省级层面还对藏区实施对口帮扶计划，力争用较短时间解决该地区的贫困问题。但解决贫困问题，政府投入固然重要，提升贫困人口发展能力才具有可持续性。但四川藏区相当数量贫困人口文化素质偏低，缺乏必要的技能，"等靠要"的思想也十分普遍，主动参与脱贫项目的积极性不高。同时，由于特殊自然地理因素和基本公共卫生体系长期不健全，该地区也是各种地方病多发易发区域，贫困人口身体素质普遍偏低，难以胜任繁重的体力劳动，相当部分贫困人口还缺乏必要的劳动能力，尽管政府制定了详细的扶贫规划，但却难以从根本上解决这部分贫困人口的脱贫问题。

6. 公共服务体系"量"和"质"的缺失并存

经过中央和省财政对藏区社会事业的高强度投入，四川藏区社会事业发展取得了显著成就，公共服务体系不断健全。但由于长期以来，对社会事业投入欠账较多，公共服务体系仍不健全。一方面是公共服务的量仍然不足。四川藏区地广人稀，行政村分布较远且人口普遍较少，基础设施和公共设施投入成本较高，尤其是部分行政村较为边远，成为公共服务投入的盲区，相当部分行政村缺乏幼儿园、计划生育服务站等公共服务设施，还有部分行政村不通公路、电话和电网，农牧民上学难、就医难、出行难、通信难、看广播电视难的问题仍然突出。另一方面，公共服务质量较低，尽管近年来政府加大对公共服务设施等"硬件"建设投入，建设标准和内地差距明显缩小，但人才配置等软件提升严重滞后，尤其是教师、医疗卫生人员、文化专业人才等专业技术人才严重不足，双语教师严重不足，教师转行流失严重；75%以上村级卫生人员不具备执业资格，仅能提供"打针发药"等简单服务，乡镇卫生院配备的化验、B超等设备由于缺乏专业人才，完全成为摆设。

3.2　四川藏区繁荣发展的战略思路

3.2.1　四川藏区繁荣发展的基本思路

1. 从全局和战略高度重视四川藏区发展

四川藏区一头连着内地，一头连着西藏，是汉藏经济文化交融的重要纽带和桥梁，藏族人口数量位居藏区第二，历来是维护祖国统一、增进民族团结的重点地区，其发展与稳定对西藏乃至整个藏区发展与稳定有着直接影响，素有"稳藏必先安康"之说。但目前四川藏区经济社会发展水平与四川省其他地区、全国甚至西藏差距很大，这种局面如果不改变，不仅会拖全国建设全面小康社会的后腿，而且也会使西藏乃至全国藏区的跨越式发展缺乏必要依托和有利的外部环境。发展是"安康"的基础，"安康"必先"兴康"，国家应从全局和战略高度重视四川藏区的繁荣发展，进一步加强藏区政策的衔接协调，加大扶持力度，全面加强四川藏区经济社会建设，尽快改变四川藏区贫困落后面貌，形成与西藏互为犄角、相互依托的有利局面，进一步打牢西藏和全国藏区长治久安的物质基础。

2. 将改善和保障民生作为优先方向

不断满足人民群众物质和文化生活需要，不断提升人民群众的生活水平，促进人民的全面发展是发展的最终目的和根本落脚点，在四川藏区也是凝聚人心、促进社会和谐的基础，更是与全国同步全面建成小康社会的根本要求。近年来，中央和各级党委政府把改善保障民生放在藏区跨越发展和长治久安的优先地位，抓住了藏区持续繁荣发展的主要矛盾。当前四川藏区与四川省其他地区、西藏及全国发展差距不仅体现在经济发展方面，更集中体现为社会发展和基本公共服务方面的差距，尤其是广大农牧民仍然生活在极度贫困的状态，各族群众盼脱贫、盼致富的愿望强烈。切实改善四川藏区各族人民的生活水平和生存条件，不仅是凝聚人心、掌握藏区工作主动权的需要，更是各级政府义不容辞的责任和使命。必须将改善和保障民生置于优先地位，加快推进以社会建设为重点的民生工程，积极推进基本公共服务均等化，大幅度提高人民群众生活水平，进一步巩固长治久安的群众基础。

3. 促进生态建设与经济发展相统一

四川藏区既是《国家主体功能区规划》确定的国家级重点生态功能区，也是水能、有色金属等战略资源高度富集地区，提供生态产品和生态服务是国家对其的首要要求，加快优势资源开发是提高综合国力的重大举措，开发与保护的确存在一定矛盾。但实践证明，过度强调原始生态保护而不发展当地经济，必将陷入生态破坏与群众贫困的恶性循环，不发展经济、消除贫困，四川藏区的生态建设与保护就难以持续。必须将生态建设与优势资源开发的矛盾统一到可持续发展上来，加快转变经济发展方式，积极贯彻"保护重于开发、在保护中开发"的方针，点状开发优势资源，促进生态产业化、产业生态化，形成生态产业体系，促进经济发展和生态建设良性互动，形成具有四川藏区特色的生态经济发展模式。

4. 大力改善发展条件和提高发展能力

第五次西藏工作座谈会以来，在国家的大规模投入和支持下，四川藏区经济社会发展取得历史性成就，但由于历史欠账多、发展基础薄弱，仍然存在许多制约经济社会发展的困难，推进四川藏区繁荣发展需要长期谋划与持续投入。未来较长一段时期内，四川藏区仍然处于打牢发展基础的关键阶段，集中力量解决制约经济社会发展的主要矛盾和突出问题，是在相对较短时间内改变四川藏区落后面貌的有效途径。目前发展条件差、发展能力弱是制约四川藏区全局发展的主要因素，基础设施薄弱使四川藏区长期处于相对封闭状态，也使生产生活缺乏抵御恶劣自然环境的基本条件；资源开发程度不高，资源优势难以转化为经济优势，导致四川藏区与其他地区发展差距日益扩大，对民生领域投入也严重不足。应将改善发展条件和提高发展能力作为突破口，加快基础设施建设和资源开发，从根本上解决制约经济社会发展的瓶颈制约因素，发展壮大特色产业，提高四川藏区自我发展能力，为与全国同步实现全面小康社会目标奠定坚实物质基础。

5. 把提高人口素质作为加快区域发展的基础

现代经济增长理论认为，人力资本是经济增长的关键因素，人力资本水平不仅决定人口自身的发展能力，也是区域发展的重要决定因素。人口的文化水平和健康水平是衡量人力资本水平的重要标志。针对四川藏区人口文化素质和身体素质总体偏低的实际，要把提高人口素质作为区域整体持续脱贫和可持续发展的基础和前提，强化人是生产力的第一要素的观念，把对人力资本的投入放在区域可持续发展的优先地位,不断提高群众的科学文化素质和身体素质,改变群众传统的生产生活方式和观念,提高群众自我发展能力和改善自身发展困境的主观能动性。一方面,要强化教育发展基础,在巩固和提升基础教育基础上,大力发展以就业为导向的职业教育和农村劳动力就业技能培训,提高劳动力生产技能和就业技能,增强人口自我发展能力。另一方面,大力推进医疗卫生事业发展,加强医疗卫生服务体系建设,强化地方病综合防治,完善医疗保障政策,倡导健康文明生活防治,着力解决因病致贫、因病返贫问题。

6. 建立和完善科学发展的体制机制

完善的体制机制是促进科学发展的制度保障,在四川藏区尤其重要。一方面,由于承担着国家重点生态功能区功能,地方经济发展应让位于国家生态建设的需要,但生态补偿机制缺失和国家公共服务投入不配套,导致地方政府既缺乏生态建设与保护积极性,也无力承担生态建设与保护的重任。另一方面,作为优势资源富集区,在保护生态前提下加快优势资源开发是提高自我发展能力的主要途径,但在目前资源开发权高度垄断、资源开发补偿标准偏低的情况下,资源开发不仅不能"开发一方资源,富裕一方百姓",反而会造成生态破坏和利益纠纷等问题,不利于生态建设和社会稳定。具有四川藏区特色的科学发展道路,最根本的途径是要通过建立和完善生态补偿机制,调动各方保护生态的积极性,实现生态建设与保护的可持续性;通过建立和完善资源资源开发的利益共享机制,惠及当地政府和百姓,真正实现发展成果共享。

7. 进一步加大国家政策扶持和资金投入力度

藏区发展与稳定需要国家长期实施特殊倾斜政策和加大资金投入力度,藏区的协调发展需要国家在战略层面统筹各项制度安排。尽管国家已经对统筹全国藏区发展做出了部署,制定了系列扶持政策,但在税收优惠、中央财政的贷款贴息、干部职工福利待遇、对口支援等政策扶持和投入力度方面,四省藏区与西藏差距仍然较大。国家藏区政策的差异导致四川藏区发展水平远落后于西藏,要在2020年实现全面小康目标任务十分艰巨。必须根据四川藏区实际困难,进一步加大政策支持和投入力度,保持国家对同类地区扶持政策的协调性，逐步缩小藏区内部发展差距，促进藏区协调发展。

3.2.2 四川藏区经济社会发展的战略定位

根据区域发展基础、比较优势和资源环境承载能力，立足四川藏区在全省乃至全国的战略地位和主体功能定位，努力建设国家生态文明建设先行示范区、长江黄河流域生态安全防线、国际知名生态与文化旅游目的地、国家重要的可再生能源基地和高原特色农产品基地。

1. 国家生态文明建设先行示范区

生态文明建设是中国特色社会主义事业的重要内容，是"两个一百年"奋斗目标和中华民族伟大复兴中国梦实现的重要基础，已上升为国家重大战略，中央将生态文明建设与经济建设、政治建设、文化建设、社会建设相依靠，形成建设中国特色社会主义五位一体的总布局。党的十八大报告指出，"建设生态文明，是关系人民福祉、关乎民族未来的长远大计，必须树立尊重自然、顺应自然、保护自然的生态文明理念，把生态文明建设放在突出地位，融入经济建设、政治建设、文化建设、社会建设各方面和全过程，努力建设美丽中国，实现中华民族永续发展。"[①]

四川藏区生态地位重要，整体属于国家重点生态功能区，但长期以来如何处理发展与保护的关系一直是困扰区域发展的突出矛盾，把生态文明理念融入区域经济社会发展是解决好这一矛盾的必然选择。目前，国家推进主体功能区建设、完善生态补偿机制、实施川西藏区生态建设与保护规划等政策为区域贯彻落实生态文明理念创造了重大战略机遇，为四川藏区加强生态环境保护、建立生态建设长效机制、促进生态建设与经济、政治、文化、社会融合发展创造了有利条件。四川藏区应全面贯彻国家主体功能区战略，完善国土空间开发与管控制度，建立健全市场化与政府调控相结合的生态建设长效机制，探索生态资源产业化和产业发展生态化新路径，率先走出一条生态建设与生态经济有机

---

① 胡锦涛. 坚定不移沿着中国特色社会主义道路前进为全面建成小康社会而奋斗——在中国共产党第十八次全国代表大会上的报告，2012.

结合、协同发展、相互促进的新模式，努力创建国家生态文明建设先行示范区。

2. 长江黄河流域生态安全防线

四川藏区是国家构建"两屏三带"生态安全格局中青藏高原生态屏障的重要组成部分，《全国主体功能区规划》中，四川藏区属于"川滇森林及生物多样性生态功能区"和"若尔盖草原湿地生态功能区"，是长江、黄河上游重要水源涵养与水质保障区，西部生物多样性资源库，在国家生态安全格局中具有举足轻重的地位。加强四川藏区生态功能建设不仅是促进本地区可持续发展的现实需要，也是事关全国生态安全的战略要求。

针对四川藏区重要的生态地位和脆弱的生态环境，应把加强生态修复与建设放在突出地位，按照工程治理与自然修复相结合、综合治理与突出重点相结合的要求，大力实施重大生态建设工程，强化污染防治力度，加强资源节约与环境保护，大力发展低碳经济和循环经济，努力实现生态系统良性循环，全面增强生态功能和可持续发展能力，为筑牢高原生态安全屏障做出贡献，确保长江黄河流域生态安全。

3. 国际知名生态与文化旅游目的地

四川藏区拥有世界级的生态旅游资源，仅阿坝州境内就有九寨、黄龙、大熊猫栖息地等世界遗产3处，列入联合国人与生物圈保护网络的自然保护区3处。四川藏区文化资源丰富，是藏、羌、彝文化走廊核心区，红军长征留下的众多革命遗迹以及独特的藏、羌民族文化、神秘的藏传佛教文化对中外游客极具吸引力。

近年来，四川藏区把旅游产业作为推动经济结构转型的重点产业，实施全域旅游战略，着力构建以旅游产业为主导的生态产业体系，同步推进特色旅游城镇和旅游村寨建设，着力改善生态环境和城乡风貌，积极引导群众参与旅游发展，大力实施旅游扶贫工程，充分发挥全域旅游对产业发展、社会进步、生态保护、群众致富和人口发展能力提升的带动作用。四川藏区应发挥生态文化旅游资源丰富的优势，以生态观光旅游和民俗文化体验旅游为重点，继续大力实施全域旅游发展战略，加强区域旅游文化资源整合，着力打造精品旅游景区和线路，强化旅游文化品牌建设，完善旅游基础设施，全面提升旅游开发品质，建成具有较高国际影响力和知名度的生态和文化旅游目的地，通过旅游业的大发展带动经济社会发展的大转型。

4. 重要的可再生能源基地

随着世界各国对温室气体排放的高度关注和能源资源长期供求关系的紧张，清洁、可再生的能源将成为全球最有开发价值的战略资源，发展可再生能源已成为各国推动能源转型和应对气候变化的核心内容，我国也将其作为推动能源和生产消费革命、推动能源转型的重要举措。四川省是全国可再生能源的重要基地，而四川省的可再生能源主要集中在四川藏区，四川藏区水能、太阳能、风能、地热等可再生能源资源丰富，仅境内的金沙江、雅砻江和大渡河水能资源技术可开发量达4132.48万千瓦，约占四川省的1/3，此外太阳能资源、风能资源开发潜力巨大。值得强调的是，四川藏区的水电、风能和太阳能发电互补性强、综合开发的潜力大，是国家重点支持的可再生能源开发新模式。

目前，四川藏区水电开发初具规模，是"西电东送"和"川电外送"的重要基地，太阳能、风电和地热等资源开发处于起步阶段，加快四川藏区可再生能源发展不仅是增强区域发展后劲和自我发展能力的需要，也是推动我国能源转型发展的要求，对于保障国家能源战略安全和提高可持续发展能力，增强综合国力均有重要促进作用。因此，应加快四川藏区可再生能源开发进程，完善资源开发的基础性制度建设，在保护自然生态环境和做好移民安置工作前提下，有序推进金沙江、雅砻江、大渡河等流域水能资源开发，积极开发利用太阳能、风能等清洁能源，推动水、风、光综合开发，加快能源输送通道建设，打造国家重要的可再生能源基地。

5. 高原特色生态农产品基地

四川藏区农牧业资源丰富，生态环境良好，具备发展生态农业的先天优势。尤其是随着居民消费升级和对食品安全的日益重视，天然、无污染的特色农产品具有巨大市场需求。农牧业在四川藏区经济结构中占据重要地位，也是吸纳就业人口最多的产业，加快农牧业发展在四川藏区具有特殊的重要意义。但受传统的生产方式及交通物流体系发展滞后等因素制约，四川藏区农牧业规模小、链条短、品牌影响力弱、附加值低等问题突出，产业化、现代化发展水平低，农牧业生产"自给自足"特征十分明显。

近年来，随着现代技术的快速推广应用，藏区交通物流基础设施的显著改善，以及旅游快速发展对农牧产品的需求迅速扩大，四川藏区农牧业发展的市场环境、技术条件、服务体系等正发生深刻变化。顺应农业供给侧结构性改革和农牧业现代化发展要求，建设高原特色生态农产品基地是促进四川藏区传统农牧向现代农牧业转变的必然选择。要立足资源优势和生态优势，加快优势突出和特色鲜明的青稞、食用菌、牦牛、藏猪等优势农产品基地和产业带建设，推动农牧业与其他产业融合发展，创业农牧业生产方式，打造区域特色农牧业品牌，提升现代化产业化水平，建设具有高原特色的生态农产品基地，更好地带动农牧民增收和农牧区转型发展。

第 4 章

全面小康背景下四川藏区公共服务体系建设研究

4.1 四川藏区全面小康的基本认识

4.1.1 小康社会目标的历史演进及特征

1. 全面建成小康社会目标要求的历史演进

"小康",最初见于《礼记》,是一个极具传统文化特色与底蕴的词语,体现了老百姓对生活宽裕、殷实和社会稳定、安宁的美好愿望。随着中国特色社会主义建设深入推进,我党对"小康社会"的认识不断深化,赋予了其新的时代特色和更丰富的内涵。邓小平同志在20世纪70年代末最先提出建设"小康社会"的战略构想,党的十三大正式提出我国"三步走"发展战略,明确了"到20世纪末,国民生产总值在1980年基础翻两番,人民生活达到小康水平"的奋斗目标。到2000年我国实现了"三步走"战略的第一、二步目标,人民生活总体达到小康水平。面向21世纪,党的十六大确立了"全面建设小康社会"的奋斗目标,提出到2020年"建设惠及十几亿人口的更高水平的小康社会";党的十七大从经济、政治、文化、社会、生态等五个方面,对全面建设小康社会奋斗目标提出了更高要求；党的十八大进一步从经济发展、人民民主、文化建设、人民生活、生态文明五个方面提出了全面建成小康社会的新要求。

2. 全面建成小康社会目标要求的主要特点

从我国建设小康社会目标和要求的历史演进来看，全面建成小康社会具有以下突出特点：一是民本性，全面建成小康社会发展成果应惠及全国各族群众，核心是促进人的全面发展，充分体现了"以人为本"的理念。二是全面性，全面建成小康社会目标涵盖了经济、政治、文化、社会、生态文明"五位一体"全面发展的总体布局。三是阶段性，实现"小康"社会，只是实现"大同"社会的一个重要必经阶段；从现实看，全面建成小康社会，只是实现现代化建设"三步走"战略必经的一个承上启下的关键阶段，是实现"两个一百年"奋斗目和中华民族伟大复兴"中国梦"的阶段性目标和重要现实基础。因此，应将全面小康社会建设置于社会主义现代化建设和中华民族伟大复兴的历史进程，以更加广阔更加深远的视野审视全面小康的内涵。

4.1.2 全面建成小康社会目标的衡量

1. 全面小康社会目标不能完全数量化评价

对小康社会目标的评价是随着对小康社会内涵认识的变化而不断变化的。在我国经济发展较为落后、群众物质生活水平较低的情况下，经济发展是衡量小康社会目标的重要标准，但这些指标也因不同发展阶段而存在较大差异的。如邓小平同志认为实现小康社会就是生产总值在 20 世纪 80 年代基础上翻两番，人均达到 800 或 1000 美元；十六大提出的全面建设小康社会要求国内生产总值于 2020 年在 2000 年基础上翻两番，十七大提出的要求是人均国内生产总值 2020 年比 2000 年翻两番，十八大则提出国内生产总值和城乡居民收入比 2010 年翻一番。

随着社会主义现代化建设不断取得成就，对小康社会的内涵的认识也在不断深化，小康社会的概念也由最初的物质生产和生活领域拓展到其他领域，其范围既有经济基础，也包括上层建筑，涉及经济、社会、政治、文化、生态等领域，而社会、政治等领域全面小康实现程度更多的反应社会进步水平，大部分目标很难具体量化，因而不能用完全量化的评价指标体系来判断全面小康社会的实现程度。

2. 全面小康社会目标不能层层考核和倒算

党的十八大关于全面建成小康社会的新要求，是对我国全面小康社会建设的总体要求，未涉及如何对各个地方的全面小康社会建设进程进行评价考核，这就使得各级地方政府在推进过程中，如何评价和衡量建设进程，面临两难甚至矛盾的局面，各级地方政府也存在一定的认识误区。

一方面，如果对地方全面小康社会建设目标进行层层评价考核，就会涉及评价标准的问题，如果标准设定较高，部分省、市、县不能达到，那么全国的建设目标是否算达到；而如果标准设定较低，各地都能达到，那么建设目标的评价考核是否还有意义。由于在难以制定全国统一评价考核标准的情况下，层层搞评价考核既不科学也不可行。尤其是我国区域之间经济社会发展差距较大，特别是西部地区还存在大量欠发达地区，并不存在也难以制定全国各地都适用的评价指标和都必须达到的考核目标。

另一方面，多数地方政府在推进全面小康社会建设过程中，认为人均地区生产总值和城乡居民人均收入达到全国平均水平就与全国同步实现全面建成小康社会目标，因此，在制定目标时都是按照全国 2020 年的指标结合自身实际进行倒算，这不仅对全面小康社会内涵认识片面化，也不尊重经济发展的内在规律，更可能导致忽视其他方面的发展目标。

3. 全面小康建设目标应总体把握任务分类指导

考虑我国不同区域经济社会发展的现实差异，以及评价考核各区域全面小康进程面临的两难局面及各地的认识偏差和误区，从科学性、可行性出发，严格按照党的十八大提出的要求，应重点强调对全国总体发展水平的评价。分析我国发展已取得成绩和未来中长期发展趋势，按可比价计算，我国已提前实现人均国内生产总值在2000年基础上翻两番，并完全能够实现国内生产总值和城乡居民人均收入比2010年翻番，民主政治、文化道德、社会事业、生态环境等方面建设正加快推进，预计到2020年，我国全面建设小康社会的奋斗目标将如期实现，全国绝大部分省（市、区）将同步达到全面小康社会。

从四川省来讲，由于省内各区域之间资源环境条件和经济发展水平差异很大，不可能都达到全省和全国平均水平。因此，四川与全国同步建成全面小康社会的奋斗目标，也不应层层分解和层层考核，而应该从全省总体上评价和衡量。而对四川藏区来讲，由于发展基础薄弱，要达到全国、全省发展的平均水平难度极大，且这些区域主要是国家级重点生态功能区，对这些地区全面建成小康社会的评价应突出国家和省赋予其的特殊定位，强化民生改善、生态保护、维护稳定等方面的目标任务的考核与评价。

4.1.3　四川藏区同步全面小康的内涵

1. 充分认识四川藏区全面小康的共性和特殊性

四川藏区同步实现全面小康目标是我国全面建成小康社会的内在要求，四川省全面建成小康社会必须按照中央全面建成小康社会的总体要求和部署，全面加快推进经济、政治、文化、社会、生态文明建设。因此，四川藏区推进全面建成小康社会建设具有与其他地区共同的历史使命和目标要求。但四川藏区与其他地区比较，也存在一些特殊性，国家明确的区域发展功能定位和发展任务也不尽相同，这就决定了四川藏区全面建成小康社会具体目标不能完全按照全国和全省要求来确定，必须综合考虑四川藏区经济社会发展状况、区域主体功能定位、群众价值判断标准等因素，合理确定民族地区全面建设小康社会的目标要求。

2. 科学确定四川藏区全面小康的目标要求

中央第六次西藏工作座谈会根据党的十八大提出的全面建成小康社会新要

求，结合藏区实际提出了藏区全面建成小康社会的具体目标，即，各族群众生产生活条件全面改善，城乡居民人均可支配收入比2010年翻一番、接近本省平均水平，基本公共服务主要指标达到西部地区平均水平，基本实现人人享有社会保障，综合交通运输网络基本形成，生态系统步入良性循环，民族关系和谐，社会持续稳定，建成安居乐业、保障有力、家园秀美、民族团结、文明和谐的小康社会。

中央第六次西藏工作座谈会要求，结合四川藏区实际情况，围绕实现人的全面发展核心理念，四川藏区全面建成小康社会的目标应体现以下几个方面：一是群众幸福指数和生活水平明显提高，基本公共服务水平和城乡居民收入基本达到全省平均水平，社会保障实现全民覆盖，基本消除绝对贫困人口，精神文化生活得到有效满足。二是经济保持快于全省发展势头，与全省发展差距明显缩小，生态产业体系基本形成，自我发展能力显著增强。三是人口发展能力明显提升，各族群众科技文化素质和文明素质显著提高，现代化的生产生活方式得到普及。四是生态功能明显增强，生态系统稳定性增强，可持续发展能力不断提高。五是社会更加和谐稳定，依法治国方略全面落实，各民族和睦相处、和谐包容。

4.2 四川藏区公共服务体系建设的重要意义

1. 中央对藏区全面建成小康社会的根本要求

从中央对藏区全面建成小康社会的目标可以看出，藏区全面小康的重点是在民生领域，尤其是对收入和公共服务提出了具体化的指标。从目前藏区发展的实际看，公共服务是其最大的短板。因此，加强藏区公共服务体系建设是藏区全面建成小康社会的核心任务。作为全国第二大藏族聚集区的四川藏区，是我国民族地区的重要组成部分，由于生产发展条件恶劣，生活居住环境艰苦，公共服务体系还不健全，公共服务质量仍然较低，与全面建成小康社会目标还存在较大差距。要实现与全国全省同步全面建成小康社会伟大奋斗目标，要求四川藏区立足全面建设小康社会的目标要求，始终把保障和改善民生作为一切工作的出发点和落脚点，把提高公共服务的质量做为改善民生的重点，促进四川藏区基本公共服务均等化水平，不断提高藏区人民生活水平。

2. 促进区域协调发展的内在要求

区域协调发展的核心是要求不同区域按照比较优势确定差异化的主体功能目标和建设任务，区域协调发展的本质却是最大限度实现基本公共服务均等化，让不同主体功能区域的广大群众享有大致相近的基本公共服务。从这个角度来讲，积极推进基本公共服务均等化是实现区域协调发展的内在要求。与绝大部分地区相比，四川藏区不仅生态环境脆弱，且公共基础设施建设滞后，公共服务供给短缺，公共服务资源配置失衡，既制约了当地经济社会与自然环境的协调发展，又影响了区域经济发展的整体协调性。因此，加强四川藏区基本公共服务设施建设，增强基本公共服务能力，提升公共服务水平，加快基本公共服务均等化进程，有助于推动区域协调发展。

3. 凝聚人心和维护长治久安的重要保障

民生是社会和谐之本，是社会稳定之基。国内外社会发展实践表明，民生发展不足是引发社会动荡的重要根源。四川藏区在促进民族团结和维护国家战略安全中具有重要战略地位，是反分维稳的"前沿阵地"。但长期以来，四川藏区经济社会发展落后，尤其是广大农牧区教育、医疗等公共服务体系滞后，为国内外分裂势力通过开展免费救助、免费医疗、教育支助等活动笼络人心提供了可乘之机。随着四川藏区特色优势资源开发进程的加快，群众的利益要求也不断提高，各类利益矛盾纠纷凸显，极易被分裂破坏分子所教唆和利用，削弱基层党组织的主动权，严重威胁藏区稳定和社会经济发展大局。因此，只有从战略全局的高度重视四川藏区发展，努力改善社会民生，加强公共服务体系建设，不断满足藏区群众日益增长的物质和精神文化需求，才能凝聚人心，巩固阵地，实现藏区长期和谐稳定、长治久安。

4.3 四川藏区公共服务体系建设现状及问题

4.3.1 基础设施

一般意义上讲，基础设施不属于公共服务的范畴，更多作为一个地区经济发展的基础条件。但从四川藏区来看，基础设施建设不仅是改善区域经济发展条件的基础，更对老百姓改善生计具有基础性和决定性的意义，具有典型的公共产品的特性，因而也应作为公共服务的重要组成部分。因藏区农牧民大多分散居住在高山峡谷地带，使得交通等基础设施建设成本相对较高，在国家财政投入不足、地方资金配套有限的情况下，极大制约了民生基础设施建设，严重影响农牧民生产生活方式的转变。交通基础设施建设滞后，快速通道和高等级公路少，县乡公路等级低，通行通畅能力差，截至2014年底，四川藏区乡村公路通畅率仅为31%左右，尚有部分乡村和牧场不通公路，如阿坝州目前仍有387个行政村、1000余个村民小组（寨）、20余万农村人口仍靠人背马驮解决交通运输问题。能源基础设施建设滞后，电力稳定供应保障能力差，冬季缺电问题依然突出；通信基础设施建设滞后，移动通信尚未实现到村到户全覆盖，仍有部分高原村落和牧区处于通信盲区；农业基础设施薄弱，水利灌溉设施缺乏，防灾抗灾能力差，有效灌面不到耕地面积的30%，仍未摆脱靠天吃饭的局面；城镇基础设施建设滞后，供排水设施和污水、垃圾处理设施缺乏，综合承载服务能力弱，远不能满足藏区新型城镇化发展和人口集聚的需要。

4.3.2 教育事业

教育是一个地区发展的希望所在，是提升人口素质的重要手段。近年来，各级政府把加大四川藏区教育投入作为改变贫困落后面貌的重要抓手，不断提升教育发展水平。2010年以来，国家和四川省累计投入50多亿元资金用于藏区教育发展，通过实施第二轮《四川省民族地区教育发展十年行动计划》、"十二五"支持藏区经济社会发展规划教育专规、中小学校舍安全工程、农村初中改造工程、学前三年行动计划、教育基础薄弱县普通高中建设规划、边远艰苦地区教师周转房建设等重大教育工程，极大地改善了藏区学校办学条件和广大师生的学习和生活条件，特别是寄宿制学校配套设施建设力度不断加大，大力促进了寄宿制学校的发展。在全国率先实施了藏区"9+3"免费教育计划，让藏区完成九年义务教育的学生在内地国家和省级重点中职学校免费接受三年中等职业教育，为藏区培养实用型人才，并帮助指导就业。为充分保障农牧民子女接受教育的权益，四川省在藏区实施了惠及从学前到高中阶段的一系列重大教育惠民政策，如在"两免一补"政策基础上，为义务教育阶段学生免费提供作业本，并将藏区生活补助标准提高到每生每年1700元，且义务教育阶段所有寄宿学生纳入生活补助范围，对高海拔地区义务教育阶段学生提供取暖补助，全面实施学前教育保教费减免政策，全面落实高中阶段学生资助政策。针对藏区教师量少、质弱等实际问题，四川藏区近年狠抓了教师队伍建设，启动实施免费师范生培养计划，通过多种形式，不断加强藏区教师的素质和能力培训，2010年以来，累计培训教师近6万人次。

四川藏区教育发展成绩喜人，但也要看到藏区教育发展水平仍然较低。一是公共教育体系不合理，四川藏区公共教育服务体系"中间大、两头小"的基本特征仍然没有根本性的改变，九年义务教育规模相对较大，学前教育、高中教育、高等教育、继续教育发展仍然滞后，幼儿园基本集中在县城和条件较好的乡镇，广大牧区还无幼儿园，高中阶段学校也主要集中在州府和条件好的县城。二是教育发展不平衡，农牧区之间、县际之间、城乡之间、校际之间发展不平衡，特别是边远农村中小学办学条件薄弱，农村与县城学校办学条件、教育质量差距较大。三是教师队伍严重缺乏，由于生活条件差、工作待遇低，教师流动性大特别是高水平教师引不进、留不住。仅2009~2013年，阿坝州就流失教师488人。同时，教师队伍整体素质不高，骨干教师和学科带头人比例偏低，教师培养培训能力薄弱，学前、双语高中教师培养渠道狭窄。四是教学质量较差，作为藏区教育发展水平较高的阿坝州，2014年底学前三年教育毛入园率与四川省平均水平相差10个百分点、高中阶段毛入学率与四川省平均水平相差 12 个百分点，主要劳动年龄人口平均受教育年限与四川省平均水平相差 3 年。

4.3.3 医疗卫生事业

完善公共医疗卫生体系是解决藏区看病难、看病贵的根本要求，是提高人口身体素质的重要保障。近年来，四川藏区按照"稳藏必安康，安康必兴卫"的要求，紧紧围绕加快卫生事业发展和提高藏区人民健康水平两大目标，加大藏区卫生投入力度，积极开展卫生对口支援，卫生事业得到快速发展，广大农牧民的健康水平不断提高。一是加强政策和资金扶持。四川省委省政府专门出台了以支援藏区卫生发展为主的《四川省民族地区卫生发展十年行动计划》，除国家和省安排的各项专项资金和新农合资金按政策规定投入外，每年新增省级财政资金 2 亿元，力争通过 10 年发展，使包括藏区在内的民族地区卫生事业达到全国民族地区平均水平。二是加快完善藏区医疗卫生服务体系。先后实施县医院、乡镇卫生院、村卫生室、农村急救体系、县级卫生监督机构、周转房等基础设施建设及设备配置项目，州、县均建立了政府举办的医疗、疾病预防控制、卫生监督和妇幼保健等机构，各类医疗卫生机构总数达 4500 余个。三是实施人才强卫工程。实施乡镇卫生院招聘执业（助理）医师、公共卫生人员项目和"三支一扶"天使计划，通过"公开直接考核＋服务期制度＋学费补偿"方式，每年招聘大专及以上学历医学毕业生到藏区服务；建立了覆盖藏区的住院医师规范化培训、全科医师培训、继续医学教育、毕业后医学教育、学历教育"五位一体"的医学终身教育体系和"村到县、乡到州、县到省"的临床进修体系，鼓励藏区卫生人员提高业务能力；实施医卫人才"帮扶式"引智，2012～2020 年，每年选派 64 名卫生管理干部到 32 个藏区县挂职帮扶，提升藏区医疗卫生机构领导班子整体水平。四是加大对口医疗帮扶。四川省实施"千名卫生干部援助民族地区行动"计划，指定三级、二级医院（综合医院为主）向藏区县医院开展一对一帮扶，实现藏区所有县级医院对口帮扶"全覆盖"，建立县级医院与上级医院和支援的三级医院建立了远程会诊系统。

同教育事业一样，四川藏区的医疗卫生事业历史欠账多，短板制约多，从相关指标可以看出四川藏区的医疗卫生发展水平明显偏低。如医疗卫生发展条件相对较好的阿坝州为例，2015年全州人均期望寿命72岁，低于全省平均水平3.5岁、全国4岁，孕产妇死亡率和婴儿死亡率均明显高于全省平均水平，发展条件较差的甘孜州和木里县的主要指标还要明显低于阿坝州。导致四川藏区医疗卫生发展水平滞后的原因是多方面的。一是基础设施等硬件建设的投入与需求矛盾还客观存在。州级医疗卫生机构由于长期缺乏国家、省财政资金支持，发展受到严重限制。藏区现有村卫生室中，国家下达建设项目较少，村卫生室建设任务重，需求大，农村三级卫生服务网络网底建设亟待加强。二是人才匮乏依然是制约藏区卫生发展的核心问题。一方面，卫生人才总量依然不足，有的地方由于财力所限，空编问题十分突出；有的地方由于幅员面积大，县级医疗卫生机构编制相对不足；有的地方海拔高、工作危险系数大，长期无法招聘内地卫生人才。另一方面卫生人才素质依旧不高，各地均存在学历低、职称低、执业（助理）医师少、"无证行医"多以及专业人才少、技术骨干稀缺等问题，截至2014年仍有196个乡镇卫生院无执业（助理）医师，占藏区乡镇卫生院总数的33.62%。三是人才队伍不稳的问题比较突出。2012~2014年四川藏区仅县级医院流失755人，流失的绝大多数是中级职称及以上专业技术人才，引进的大多是刚毕业的大中专学生，呈现"强出弱进"的趋势。

4.3.4 社会保障

"人人享有社会保障"是改善和保障民生的重要前提。近年来，四川藏区加快完善覆盖城乡的社会保障体系，将寺庙僧侣、灵活就业人员和被征地农（牧）民均纳入到参保扩面保障范围，并通过包乡、包村、包户、包寺院，进村入户、进寺入舍等一系列深入细致、层次多样的社保政策宣传，有效提高了藏区群众的参保热情，藏区社会保障工作得到快速发展。一是大力推进城乡居民基本养老保险。2010年7月，四川藏区32个县全部提前实现新农保制度全覆盖，比四川全省实现制度全覆盖时间整整提前两年；2011年7月，又先于全省提前实现城镇居民社会养老保险制度全覆盖;同时,藏区困难群体全部得到有效保障,藏区农村和城镇重度残疾人全部由政府代缴每人每年100元的最低养老保险费。二是积极推进僧侣参加养老保险工作。僧侣养老保险工作的推进,有效改变了僧人吃穿用度、生老病死全靠信教群众"布施"的传统模式,解除了僧侣后顾之忧,淡化和消除了不同宗教教职人员间的生活差异,为构建和谐的宗教关系、争取宗教界同心同德参与和谐藏区建设发挥了积极作用,有效促进了藏区团结稳定。三是深入推进藏区医疗保险城乡统筹。整合城乡医保行政体制和经办管理资源,实现政策全面统一,进一步提高了藏区参保人群大病患者的保障水平,基本实现了应保尽保。四是努力改善服务条件方便藏区群众参加社会保险。部分地方已开通了POS机等金融服务,参保群众实现了就近实时缴存,足不出村领取养老保险金。

由于地方财力薄弱、自然环境等因素影响,四川藏区社会保障投入与实际需求之间的缺口较大,社会保障体系建设仍然滞后,保障层次和标准不高,无法满足困难群众社会保障的基本要求,与中央"保基本、兜底线、促公平"的目标还存在较大差距。一是社会保障制度不完善,保障体系不健全,保障覆盖面较窄,尚有部分农牧区无劳动能力或老弱病残等生活困难人口享受不到社会保障,农村五保、三无人员尚未实现全部集中供养。二是社会保障能力薄弱。目前,四川藏区社会保障层次不高,保障水平较低,与内地执行统一的补助标准,没有充分考虑四川藏区物价水平高的实际,对于地处边远、条件艰苦、生活成本高的农牧民群众来说,显得杯水车薪,难以充分发挥社会保障兜底民生的功能。三是信息化建设滞后。目前四川藏区社会保障网络业务经办工作比较成熟的是在县级经办机构,大部分县已经延伸到乡镇,还有一小部分县未延伸到乡镇,大量业务工作靠人工往返办理,经办成本高。加之四川藏区目前缺乏专业的社会保障网络管理人员,硬件条件简陋,容易造成数据丢失。

4.3.5 公共文化

文化是民族的血脉和灵魂,是民族的精神记忆和人民的精神家园。推进文化事业改革发展,构建现代公共文化服务体系,满足人民基本文化需求是满足精神文化需要的要求。尤其在藏区，文化事业的发展关乎各族群众精神生活的富足、关乎经济社会长足发展和长治久安。目前，四川藏区覆盖城乡的公共文化服务网络基本建成，文化设施设备、供给内容、文化文物保护得到新的提升，公共文化服务体系保障能力不断增强，文化事业建设上了一个新的台阶。一是覆盖城乡的公共文化服务网络基本建成，基本实现了"县有两馆一台（图书馆、文化馆和电视台），乡（镇）有综合文化站，村有文化活动室，广播电视、书屋进村入寺"的建设目标，覆盖州、县、乡、村四级公共文化服务网络基本建立。二是公共文化服务内容供给日益丰富，文化馆、图书馆、综合文化站等公共文化设施免费开放服务覆盖城镇乡村，利用节庆开展大型文化活动已形成常态化，开展丰富多彩的送文化下乡活动，以广场藏羌锅庄舞、现代舞和节庆、婚庆为主的民间自发性群众文化活动日益活跃，丰富了广大群众文化生活、传承了民族优秀文化。三是文艺创作推陈出新，仅甘孜州就创作了以《康定情歌》《高原风》《梦幻康巴》《东女神韵》《天牧》《变迁之路》等为代表的一批优秀剧目，打造了《格萨尔千幅唐卡》的唐卡绘画作品，广播剧《康巴》、舞剧《红军花》双双获得全国"五个一工程"奖，歌曲《香巴拉》荣获全国第十六届"群星奖"，为宣传和展示四川藏区经济社会发展取得的巨大变化和弘扬民族优秀文化方面发挥了积极作用。

四川藏区文化事业的发展为改善民生和提升文化软实力做出了重要贡献，但其发展仍然存在许多问题。一是州县公共文化服设施仍不健全，目前州县公共文化服务设施仅有文化馆、图书馆，而州县博物馆、美术馆、非遗演展中心、非遗传习所等公共文化服务设施十分滞后，博大精深的藏羌文化得不到很好的保护、展示和传承。二是乡（镇）村级公共文化设施十分薄弱，由于国家对乡镇综合文化站的投资补助为16万~20万元/个，地方政府无力配套资金，绝大部分通过购买或与基层政府建设打捆完成，建筑面积仅有90m^{2}左右，达不到国家要求的最低标准，而村级文化基础设施因缺乏投入，相当部分行政村没有专门的文化室。三是文化设施配套不完善，乡镇综合文化站、村文化活动室"四无"（无编制、无人员、无经费、无设备）现象较为严重，乡（镇）村文化活动场所电子阅览设施不通互联网，电子阅览室不能正常运行。三是公共文化服务手段单一，提供文化服务还局限于传统手段，主要集中于重大节庆文艺活动开展和送文化下乡等，对群众日常文化生活的指导和提供服务缺乏新的方式；主流文化传播和推广力度不够，优秀民族文化的挖掘、保护、传承不足，占领文化阵地的实力不强，使主流文化阵地有丢失的危险。四是文化事业工作人员整体素质偏低，专业人才奇缺，专业工作大多是由行政管理人员和工勤人员兼职；文艺创作人才存在青黄不接的现象，文物管理人才、民族文化研究和文艺理论创作领域的人才在部分县呈现空白状态。

4.4 四川藏区公共服务体系建设的制约因素

4.4.1 公共服务投入的成本高且资金缺口大

四川藏区区位边远、地形复杂、气候恶劣，民生基础设施建设工期短、难度大、建设维护成本高，需要大量的资金投入。一是民生基础建设和基本公共服务建设任务艰巨。目前，四川藏区尚有上千公里的村道需要新建、改建，大部分城网、农网急需改造升级，部分牧区村落电力供应、通信"盲区"急需提升覆盖，大量农牧区危旧房需要改造建设，寺庙饮水安全问题需要解决，教育经费保障水平仍然需要进一步提高，村卫生室药品不足。二是藏区民生基础设施和公共服务设施建设标准偏低。四川藏区地理位置边远，大多数的建材等物资需要从区外调入，运输成本较高，有的物资仅运输成本都要高过其本身的价格。同时，四川藏区相当部分乡镇和村（社）交通不便甚至存在边远村不通公路情况，建材等物资均需要经过多次转运甚至是通过人力运输，大幅增加了工程建设成本。但目前，四川藏区基础设施和公共服务设施执行与内地统一的补助标准，但因藏区大部分乡村道路修筑在高山峡谷或半坡上，实际工程建设费用是补助标准的 4~5 倍，现有建设标准仅能修建部分路段或支付工人工资，结果往往导致建设项目无法按既定标准建设完成。三是地方建设资金缺乏。由于四川藏区经济发展水平总体较低，财力单薄但支出金额巨大。2016年四川藏区地方公共财政收入为 70.47 亿元，但公共预算支出达到 546.5 亿元，财政自给率仅为12.9%。因此，藏区公共服务投入只能依靠国家投入，在国家财政投入不足的情况下，民生建设资金缺口较大，无法满足民生基础设施建设和公共事业发展的需求。

4.4.2 人口的极度分散与公共服务集中供给的矛盾突出

公共服务的供给效率与人口规模存在密切关系，人口过多会导致公共服务供给压力增大，人口过少会导致公共服务供给成本提高且效率降低。一般而言，在人口适度规模前提下，依托城镇等人口集聚区集中化提供公共服务是提高公共服务效率的重要途径。四川藏区城镇化水平低，城镇人口较少，县城和集镇人口规模普遍较小，绝大多数县城人口在5000人以下，集镇人口在1000人以下的偏多，广大农牧区村均人口少且居住分散，给公共服务布局和建设带来极大不便。在此背景下，四川藏区的县城和重点城镇承担了集中化提供面向城乡居民的公共服务的重要功能。因而，长期以来，四川藏区公共服务设施建设存在重城镇、轻农村的情况，尤其是相对优质的公共服务资源基本只集中在县城，导致农村公共服务资源严重短缺。同时，由于广大农村距离县城和集镇距离较远，城镇公共服务难以完全辐射农村地区。近年来，四川藏区为解决农村公共服务严重短缺问题，加大了农村医疗卫生室、幼儿园等公共服务设施建设力度，但由于农村人口少且布局相当分散，公共设施建设的成本较高且同样覆盖所有人口，导致当前农牧区在部分公共服务领域仍然存在大量盲区。

4.4.3 公共服务重建设而轻管理导致功能发挥不够

当前，四川藏区公共服务多重硬件布局而轻软件配套，导致一些公共服务设施遭受破坏或品质降低，部分公共服务设施难以发挥应有的功效，从而造成资源的浪费。具体而言，部分地方的公共服务设施特别是教育设施和福利性设施在修建完成后缺乏精细化的管理和后续资金投入保障。目前藏区的中小学校、卫生院硬件建设标准都较高，尤其是部分地区经过国家拨款、外地援建、社会资助等方式，建立了设施比较先进的学校和医院，但在使用过程中，后续的管理、保障由于多方面的原因，公共服务配套设施没有及时得到有效维护，已无法满足后期的使用需求。特别是医疗卫生和教育设施修建完成好后缺乏专业化的人员和后续操作运营保障，且缺乏合格的师资和医生，导致教学质量和医疗质量不能得到有效的提高，先进教学和医疗设施的功能没有得到最大程度发挥。

4.4.4 公共服务投资体制不合理导致投资效率较低

现行投资体制不合理，多头管理、分散使用、监管缺位等问题突出，社会资本投资积极性不高，影响了四川藏区公共服务投资的科学性和有效性。一是现行投资重短期轻长期，依靠投资保经济增速的思想观念依然较浓，使得部分公共服务项目重复投资、低效投资的现象依然存在。如藏区公路建设投资标准低，使工程质量大幅下降，导致日常维护费用十分高且难以收到成效，过几年重修的情况相当普遍。二是公共服务投资项目管理体制不健全，多渠道申报，打捆使用，交叉管理等问题突出，导致同类项目资金被多个部门分散使用，项目建设质量达不到既定标准。三是社会资本参与公共服务投资的机制缺乏。一方面，由于四川藏区经济发展水平不高，人口居住分散，贫困人口较多，有偿公共服务需求规模较小，民生投资回报率不高，影响了社会资金投资参与公共服务的积极性；另一方面，社会资金参与机制不完善，对社会资金参与公共服务设施建设的权利责任缺乏明确规定。

4.4.5 公共服务领域专业技术人才缺

四川藏区自然环境恶劣，工作条件艰苦，工作任务繁重，工作待遇偏低，人才"引不进""留不住"问题十分突出，使得专业技术紧缺人才缺乏，提高公共服务能力的技术支撑不足。一是教育事业专业人才缺乏，骨干教师少，中高级技术职务比例过低，藏汉双语老师紧缺，教师学历达标率偏低，不能有效满足基础教育和中高等教育的需要。二是医疗卫生技术人才依然不足，执业医师和中高级以上专业卫技人员不足，每千人口卫生专业技术人员远低于全国和全省平均水平。三是科技人才缺乏，尤其是现代农牧业科技推广普及人才数量较少，科技人才推广服务半径大，科技支农富农作用不突出，农牧业生产率不高。四是现代文化人才不足，尤其是藏汉双语文化人才缺乏，影响了现代科学文化知识在藏区的广泛传播。

4.5 四川藏区公共服务体系建设的基本思路和重点任务

4.5.1 四川藏区基本公共服务体系建设的基本思路

1. 引导人口集中布局促进公共服务全覆盖

公共产品投入应坚持"公平为先、兼顾效率"的原则，但城乡、区域、不同群体间的基本公共服务不均衡问题是当前四川藏区民生领域最突出的问题。究其主要原因，在于四川藏区人口分布极度分散，公共产品供给和维护成本相对较高，有限的资金投入与巨大的公共服务需求之间的矛盾十分突出，公共产品难以覆盖所有人群，且公共服务产品供给缺乏规模效应导致效率低下等问题也相当突出。要实现藏区所有群众享受基本均等的公共服务，必须在降低公共产品供给成本的同时，提高公共产品供给效率，实现公共服务的全覆盖。必须把人口的适度集中作为规模化提供公共服务的前提，实施人口适度集中居住战略，大力实施生态移民工程，加快推进具有高原特色的城镇化进程，加强农牧区聚居点建设，引导人口适度集中居住，集中化、规模化提供公共产品，实现基本公共服务的全民覆盖。

2. 构建政府主导社会参与的多元供给模式

保障和改善民生是政府的基本职责，在促进藏区民生发展过程中，必须充分发挥政府保障和改善民生的主导作用，强化基层政府在民生保障方面的主体地位，同时匹配相应财力，进一步加大对县、乡政府的转移支付力度，积极拓宽基本公共服务资金来源，切实增强地方政府提供基本公共服务的能力。同时，针对当前基本公共服务供给能力不足等问题，积极发挥市场和社会组织及群众的作用，鼓励社会力量、群众与藏区民生工程尤其是基本公共服务项目建设，推动基本公共服务提供主体和提供方式多元化。

3. 通过创新投入方式提高资金使用效率

针对公共服务投入方式存在的问题，应创新体制机制，改革民生领域投入方式，充分发挥有限民生资金的最大效益。一是建立公共服务投入资金的整合机制，将分散的财政投资统一规划、有效整合，注重民生投资的长期效益，避免低水平重复建设和建设过程中的短视行为。二是强化财政资金对民间资金的引导作用，引入竞争机制，在有条件的民生领域采取PPP模式，充分发挥财政资金乘数效应，着力解决公共服务投入不足的问题。三是改进政府投入方式，在教育、医疗、科技服务等领域探索向社会购买公共服务项目。

4. 强化公共服务领域专业技术人才支撑

人的发展既是发展民生事业的根本目的，也是促进民生发展的重要手段。四川藏区由于教育、卫生事业落后，群众科学文化素质和身体素质普遍较差，人力资本缺乏严重制约着经济社会发展和群众自我发展能力提高，是制约藏区民生持续改善的重要原因。要从战略高度重视人力资本投资对改善民生、促进经济社会发展的重要作用，应把教育和医疗卫生事业放在民生发展的优先地位，继续强化基础教育，加快发展职业教育，进一步完善医疗卫生体系，不断提高群众的科学文化综合素质，提升人力资本积累水平，提高藏区群众自我发展能力和改善自身发展困境的主观能动性，推动藏区民生向可持续方向发展。

4.5.2 四川藏区基本公共服务体系建设的重点任务

1. 民生基础设施

民生基础设施是四川藏区公共服务体系建设的重要一环，要围绕解决群众出行难、用电难、通信难等问题，大力加强交通、电力、信息、水利等民生基础设施建设，切实改善民生发展基础条件，为藏区民生发展提供强有力保障。

一是加强交通基础设施建设。针对藏区群众出行难问题，全面加快综合交通运输体系建设，为农牧民生产生活提供便捷的交通服务。全力推进骨干公路建设，继续实施四川藏区交通大会战，建成汶川至马尔康、雅安至康定高速公路，开工建设绵阳至九寨沟高速公路，加快马尔康至青海久治、泸定到石棉、汶川至九寨沟、马尔康至德格等高速公路项目前期工作，推进国道318、317线境内段公路升级改造，推进环贡嘎山旅游圈、环亚丁机场旅游圈、环红原机场旅游经济圈等重要旅游干线公路建设，构建便捷、内部成网的骨干公路交通体系。强化县、乡、村级别公路建设，围绕消灭"断头路"和打通"毛细血管"，加强县际公路、旅游环线公路、县乡公路等建设，促进县际公路成环，县（市）到乡（镇）公路成网，逐步形成纵横相交的交通网络；全面推进农村公路集中攻坚，实施通乡油路和通村、通寺硬化路以及县乡道改善、村道完善等工程；大力发展城乡公共交通，加强乡镇客运站点建设，积极推进"村村通"客运班线，提高公共交通服务水平，改善群众出行和运输条件。加快推进铁路建设，建成成都至兰州铁路，开工建设川藏铁路雅安至康定段和成都至西宁铁路，推进川藏铁路康定至林芝段、成都至格尔木铁路等项目前期工作，解决四川在藏区无铁路的历史。大力发展航空运输，在提升现有九黄、康定、亚丁、红原机场运营服务能力基础上，根据国防战略、疗愈旅游和群众出行需要合理规划布局新机场，争取开通国内、省内主要城市更多直达航线，加快推进与周边地区机场互通。

二是加强农牧区基础设施建设。针对农牧区基础设施建设滞后等突出问题，重点加强能源电力、移动通信、农田水利、饮水安全、广播电视等公共基础设施建设，切实改善农牧区民生发展条件，为农牧区民生改善提供基础保障。重点加强藏区尤其是边远农牧区能源电力基础设施建设，大力推进和实施电网改造升级工程，加快无电地区电网建设，积极推广运用太阳能发电、风能发电等适合高原藏区特点的清洁能源，有效解决边远地区群众用电难问题，不断提高电力稳定供应保障能力。加强农田水利重点工程建设，推广实施草原节水灌溉工程和青稞种植基地配套水利工程，加快小型灌区配套建设，逐步改变高原藏区农牧民"靠天吃饭"的局面。加强安全饮水工程建设,结合高原藏区地形地貌,综合采取自流引水、打井取水、修建蓄水池、铺设管道等措施,有效解决部分农牧区人口和寺庙僧尼安全饮水问题。加强移动通信和广播电视基础设施建设,在进一步巩固和扩大广播电视"村村通"工程基础上,实施农村中央广播电视节目无线覆盖工程和通信、有线电视和互联网扩面工程,有效提升广播电视通信服务能力和服务质量,进一步丰富藏区群众精神文化生活。

三是加强城镇公共服务设施建设。针对四川藏区城镇综合承载能力弱、人口集聚能力弱的实际,以提高城镇综合服务功能为目标,加强城镇供水、环保、防灾等基础设施建设,引导藏区人口集中居住,配套完善公用服务设施。加快县城及重点乡镇生活垃圾和污水处理设施建设,改善城镇居民生活环境。以引导人口集中居住为目标,加强教育、卫生、文化、体育等公共服务设施建设,尤其是要依托重点镇建设区域性的公共服务平台,增强辐射带动周边农村公共服务发展的能力,提升城镇综合承载服务能力。

2. 教育

教育是四川藏区摆脱贫困走向繁荣的希望所在。经过多年的建设投入,四川藏区教育落后的面貌发生了较大的改变,但教育发展整体水平较低的情况短期难以改变,必须把教育发展作为藏区发展的头号工程,围绕"藏区一流,人民满意教育"目标,深入实施民族地区教育发展十年行动计划,全面实施十五年免费教育,推进教育由基础设施建设向教育教学质量水平提升转变。

一是把提高教育发展质量作为首要任务。第一,全面加强双语教学。以藏汉双语兼通为基本目标,加强中小学双语教学工作,注重学前及中职双语教学,构建结构合理、规模适当、教学模式与学生学习能力相适应的双语教学体系。第二,加强教师队伍建设。加强双语师资培养培训,抓好双语中小学信息化建设,提升双语教育学校办学水平;积极对接免费师范生培养计划,建立教师培养培训基地,强教师队伍集中培训、远程网络培训、挂职跟班培训和脱产培训,全面提升教师队伍素质能力。第三,加大教育援助力度。继续实施藏区千人支教帮扶计划,依托省内外学校结对帮扶关系,重点加强学校管理、队伍建设、教育科研、课程改革、学校文化等方面的合作交流，积极探索互派教师挂职、联合办学、一对一帮扶等教育交流模式；积极推动落实在内地城市举办藏区初中班、高中班、中职班的政策。第四，提高教育信息化水平。加快数字化、信息化、优质化远程教育办学进程，扩大优质教育资源共享范围；实施农村中小学教育信息化建设工程，加强农牧区中小学计算机网络教室、多媒体网络教室建设及设备配备。

二是优化教育资源配置。顺应城镇化发展规律和人口流动趋势，坚持集中、优质、高效原则，优化城乡学校布局，重点加大城镇地区学校办学规模；适应农村教育布局调整需要，加强寄宿制学校建设；促进教育均衡化发展，加大对薄弱学校、农村学校的倾斜力度。方便学生就地就近入学，因地制宜保留并办好必要的村小学和教学点。搭建优质教育资源平台，依托省内名校优质教育资源，全面开展幼儿园观摩式、小学植入式、初中录播式、高中直播式远程网络教学，提升各级各类学校教学水平，实现优质教育资源全域覆盖。实施免费学前教育计划，落实公办入园幼儿"一免一补"政策。认真落实义务教育阶段"三免一补"政策，确保应免尽免、应补尽补；实施普通高中"两免一补"教育计划，落实好普通高中家庭经济困难学生国家助学金政策、国家中等职业教育免学费和国家助学金政策，切实减轻贫困学生家庭的经济负担。

三是促进各类教育协调发展。全面实施十五年免费教育，实施学前教育三年行动计划，加大农牧区双语幼儿园（班）建设力度，完善学前教育办学体系，全面普及学前两年教育，基本普及学前三年教育；推进义务教育阶段学校标准化建设，改善薄弱学校和寄宿制学校办学条件，实现县域内义务教育基本均衡；加快普及高中阶段教育，扩大现有高中办学规模，启动建设一批高中学校。大力发展职业教育，深入实施藏区"9＋3"免费教育计划，支持每个州办好一所中职学校，适时发展高等职业教育；促进职业教育与普通教育有效衔接，依托各县中学建立县级职业教育培训基地。以就业为根本导向，推行产教融合、校企合作的人才培养模式。加快高等教育发展，强化面向本区域服务的特色学科和优势专业建设，加大面向贫困地区招生专项计划、少数民族预科班民族班等招生计划对本区域倾斜力度，提高农牧民子女接受高等教育比例。

3. 医疗卫生

医疗卫生事业发展事关群众身体健康，要针对四川藏区农牧民身体素质普遍较差、因病致贫、因病返贫现象突出的问题，以保障人民群众身体健康为中心，深入实施民族地区卫生发展十年行动计划，大力推进医疗卫生事业发展，提高医疗卫生服务均等化水平。

一是加快完善医疗服务体系。调整和优化城乡医疗卫生资源布局和配置，新增医疗卫生资源重点向县级医疗卫生机构及边远农牧区倾斜，并采用资源重组、资金配套、土地置换、土地划拨、办分院等措施，鼓励和引导省内优质医疗卫生机构向高原藏区布局发展，弥补高原藏区优质医疗卫生服务资源供给严重不足等问题。加强州、县级医院能力建设，建好州、县级人民医院和藏医院，提升医疗卫生服务质量。全力推进基层医疗卫生机构标准化建设，完善基层医疗卫生服务机构基础设施和设备配备，实现每个乡镇有一所标准化卫生院、每个行政村有卫生室。

二是加强公共卫生体系建设。加强重大疾病防控、妇幼保健、计划生育、卫生应急、采供血、精神卫生、卫生计生综合监督执法机构等专业公共卫生服务机构建设，建立省、州、县三级高原病诊疗中心。抓好国家重大公共卫生和基本公共卫生服务项目，重点开展包虫病综合防治攻坚战，加强鼠疫、大骨节病、结核病、高原心肺、艾滋病等重大疾病综合防治。加强妇幼保健工作，持续提高孕产妇住院分娩率，逐步扩大农村妇女"两癌"检查实施。

三是大力发展民族医药服务。推进民族药制剂室标准化建设，实施院内制剂升级工程，提升民族药制剂质量，促进民族药制剂规范化、规模化、集约化发展。加强基层医疗机构民族医科室建设，提升民族医药服务质量。加强民族医药人才队伍建设。保护、传承和创新民族特色药物和诊疗技术。

四是大力实施人才强卫工程。加强基层卫生人才培养，实施农村订单定向医学生免费培养项目，每年定向免费培养临床医学本专科学生，力争为每个行政村配备医务人员。加大医疗卫生人员培训力度，实施县乡村三级医疗卫生服务人员培训计划，鼓励医疗卫生人员参加继续医学教育。完善医药卫生人才培养引进政策，每年从区域外医院、医学院引进一批高层次人才。

4. 社会保障

未来较长时间内，四川藏区的社会保障仍将面临制度的公平性、财务的可持续性、制度运行效率等新老问题。坚持"全覆盖、保基本、多层次、可持续"方针，以增强公平性、适应流动性、保证可持续性为重点，健全更加公平的覆盖城乡居民的社会保障体系。

一是完善社会保险制度。加快完善企业职工基本养老保险制度、新农保制度、城镇居民社会养老保险制度，积极稳妥推进机关事业单位养老保险制度改革，将区域内僧尼纳入基本养老保险，实现基本养老保险全覆盖。整合城乡居民基本医疗保险，完善城乡居民大病医疗保险、城镇职工大病医疗互助补充保险制度，健全医疗保险稳定可持续筹资和报销比例调整机制，建立跨省异地安置退休人员住院医疗费用直接结算机制。完善失业、工伤、生育保险制度，构建长期照护保险制度。

二是健全社会救助体系。四川藏区实施最低生活保障标准较低，尚难以维持贫困人口基本生活，应根据实际情况逐步提高，但也不能定得过高，防止出现"养懒汉"的情况。同时，要考虑农区、牧区或不同海拔地区群众的生活费用和收入差距，将保障标准与各地生活费用挂钩。做好农村低保与其他救助体系尤其是加强与医疗救助体系和合作医疗体系的衔接。建立健全居民家庭经济状况核对机制，对低保家庭中的老年人和重病、重残人员以及有子女入学的低保家庭提高低保金补助水平。健全特困人员和特困僧尼供养制度，完善供养标准自然增长机制。完善城乡医疗救助制度，逐步扩大救助范围，鼓励和推行定点医疗机构医疗救助费用即时结算。健全临时救助制度，对因支出型贫困造成基本生活严重困难的群体予以特殊救助。

三是积极发展福利和慈善事业。以扶老、助残、爱幼、济困为重点，推动社会福利由补缺型向适度普惠型转变。积极构建"三位一体"养老服务体系，推进医疗卫生与养老服务相结合。加强残疾人康复、教育、脱贫和社会保障等工作，完善无障碍设施。建立儿童分类保障制度，完善儿童福利机构福利服务网络。落实优抚对象抚恤政策，加强烈士纪念设施建设。依法组织开展职工疗休养。培育发展公益慈善组织，鼓励、支持和引导慈善组织和其他社会力量广泛开展形式多样的慈善活动。规范慈善组织管理，完善慈善组织体系和基层慈善服务网络，加强慈善行为监管，建立统一的慈善信息服务平台。

5. 公共文化

文化在藏区发展中具有重要地位，藏区的繁荣发展包括民族文化的繁荣。四川藏区公共文化的发展不仅是要补齐文化设施建设滞后的短板，更为重要的是如何使文化更好地为各族群众生活改善和藏区持久繁荣提供强人的精神动力和文化支持。

一是明确政府在公共文化服务建设中的主体地位。公共文化服务体系建设是切实保障人民基本文化权益的重要手段，是一项长期的政治使命，政府必须承担构建公共文化服务体系、实现公民文化权利的主体责任，要在战略制定、资源分配、文化安全维护等方面发挥主体作用，向社会提供高效优质的公共文化服务。同时，要切实转变职能，把承办的文化服务方面的事物交由社会组织、文化事业单位办理。由"办文化转变为管文化"。如将一些公益性文化活动向社会招标采购，减少对文化事业单位的文化服务行政干预。

二是完善适应群众需要的公共文化服务体系。建立调查研究和村民代表参与的建设规划机制，建设人民喜欢的设施设备，使服务项目、建设项目和百姓需求有效对接。加强州县图书馆、文化馆（站）、博物馆、科技馆等公共文化设施建设，继续加强乡镇综合文化站、村级文化活动室建设，推进幸福美丽新村（社区）文化院坝建设。实施公共文化数字工程，加强数字图书馆、数字农家书屋、数字寺庙书屋、公共电子阅览室、电子阅报栏、数字档案馆建设、藏文出版资源数据库和数字内容资源阅读平台建设。继续推进"三馆一站"等公共文化活动场馆免费开放。在文化基础设施建设中，尤其重视提高边远牧区和高半山区的文化设施机构的覆盖能力，按照规定使用免费开放等公共文化资金，主动、方便有效地服务各族群众，改变现有公共文化服务设施覆盖率不强的问题。

三是传承发展传统优秀文化。注重历史文化遗产挖掘保护，推进优秀传统文化传承创新。推进非物质文化遗产传习所、康巴文化研究展示中心、色达洛若镇民族文化交流中心建设。深入挖掘康巴文化、格萨尔文化、宗教文化等特色文化资源，建设国家级格萨尔文化生态保护区，开展丹巴古碉群和德格印经院等知名文化遗产的申报世界文化遗产工作，加快推进德格印经院印版档案和格萨尔史诗申报世界记忆名录工作进程。加强茶马古道、唐蕃古道沿线重要文物保护，强化古村落、古建筑、古寺庙和古籍等历史文化资源保护利用。

四是鼓励社会力量参与公共文化服务。探索建立政府购买公共服务和公共服务绩效考核机制。向基层、向社会购买文艺节目，丰富和活跃城乡群众文化活动。建立公共文化资金向社会购买服务机制，出台具体的操作办法，建立人民群众评价的绩效考核机制，推动公共文化资金更多的向基层文化团队、组织购买服务，鼓励社会参与公共文化服务产品的开发，激发民间文化创作演出团体的建立和发展，活跃民间文化活动，更好地激发各族群众参与文化活动的热情。

4.6 四川藏区公共服务体系建设的政策建议

4.6.1 加大公共服务领域资金投入

第一，充分考虑四川藏区基础设施建设滞后、自然灾害频发及民生保障不足的重要特征，应科学、合理地制定公共服务投入长效机制，加大一般性转移支付、专项转移支付和民族地区转移支付力度。逐步提高四川藏区公共服务支出水平，建立藏区财力稳定增长机制，增强藏区财政保障能力，加快推进基本公共服务均等化。第二，要充分考虑四川藏区特殊情况，实事求是地确定和安排项目投资标准，避免全国、全省"一刀切"，应从藏区公共服务发展实际需要和项目建设本身的造价出发，切实提高藏区公共服务项目建设标准和投资规模，加大资金补助力度，保障公共服务项目工程质量和资金效益，避免"半拉子工程"和"质量安全隐患工程"。第三，建立资金整合使用机制，集中有限的财力资源解决重点民生问题，按照"三不变"（即管理主体不变、资金性质不变、管理渠道不变）、"三统一"（即统一编制规划、统一建设标准、统一验收认证）的原则，构建统筹使用的资金整合管理机制，衔接职能部门项目资金统筹的投入，引导社会各界对口帮扶资金的使用，规范农牧民自筹资金的投入流向，确保"资金随着项目走，项目跟着规划走"，形成公共服务于项目建设资金统一、协调互补、分工负责、共同实施的体系。第四，实施差别化的投资政策，根据藏区实际和特殊情况，加大中央投资倾斜力度，扩大四川藏区公共服务领域投资规模，认真落实"中央安排四省藏区的基础设施、生态建设和环境保护、社会事业、农牧林水气、基层政权建设等公益性建设项目，取消州、县两级政府配套投资"的政策规定，免除地方资金配套要求，积极化解藏区因实施"普九"、基础设施和公共卫生等民生项目建设时产生的巨额历史债务。

4.6.2 创新公共服务供给方式

按照国家有关文件精神和要求，结合四川藏区基本公共服务状况实际，积极探索藏区民生领域政府主导、社会参与、公办民办并举的公共服务供给模式。首先，突出政府主导地位。在推进藏区公共服务均等化进程中，要科学划分基层政府公共服务事权和财权的支出责任，健全公共服务管理体制，强化地方政府在民生保障上的主体地位，在规划、筹资、服务提供等方面发挥主导作用，进一步加大对藏区县、乡政府的转移支付力度，积极拓宽基本公共服务资金来源渠道，不断增强地方政府提供公共服务产品的能力。其次，鼓励社会力量参与。充分发挥市场机制作用，通过合同外包等购买方式创新政府服务供给模式，实现基本公共服务供给主体和供给方式的多元化，不断提高基本公共服务质量和效率。健全完善政策措施，在准入、人才、土地、投融资、服务能力等方面落实和出台相关鼓励优惠政策，优化社会服务供给政策环境，吸引社会资本参与和举办公共服务事业，促进基本公共服务的市场化、社会化和专业化。同时，进一步规范社会非营利组织，引导其发挥积极的辅助弥补作用，满足藏区多层次、多元化的公共服务需求。

4.6.3 建立健全绩效考评机制

根据主体功能区规划要求，改变唯经济增长论的传统考核机制，坚持在生态保护的基础上，建立健全以公共服务为主要评价标准的绩效考核体系。一是增加公共服务考核指标。把保障和改善民生作为藏区经济社会发展考核的重要内容，坚持以人为本，围绕改善藏区民生，在现有绩效考核体系的基础上，增加教育、文化、医疗卫生、社会保障和就业等方面的具体指标，进一步健全完善差异化的绩效考核评价体系。二是提高公共服务发展考核权重。坚持民生优先，在强化藏区生态保护的基础上，进一步强调公共服务均等化的重要作用，适当提高公共服务支出占财政支出的比重、公共服务供给均等化等指标在绩效考核体系中的权重。

第 5 章

精准扶贫视野下四川藏区慢性贫困治理研究

慢性贫困是农村贫困的普遍现象，2016 年底四川藏区近 20 万贫困人口中长期处于贫困状态的慢性贫困人口占较大比例，由于自然地理、社会文化、经济发展、人口素质等因素影响，这部分人口脱贫难度较大，要在 2020 年实现贫困人口全面脱贫，必须把解决慢性贫困作为精准扶贫的重点。本研究在对慢性贫困基础理论简要介绍基础上，对四川藏区慢性贫困基本特征和成因进行分析，针对当前精准扶贫政策措施治理慢性贫困的缺失提出相关对策建议。

5.1 慢性贫困的概念和特征

5.1.1 慢性贫困的基本概念

1. 贫困概念的演进

从收入和消费角度对贫困定义是对贫困最为朴实的理解，贫困与否主要是以个人或家庭收入能否满足其最低生理需要或基本需要作为衡量标准。英国学者朗特里（Rowntree，1901）首次提出了贫困的概念，他认为"一个家庭处于贫困状态，是因为他的总收入不足以支付其维持最低生理上的需要，这种最低生理上的需要包括食品、住房、衣服、燃料及其他杂物。"① 后来的学者将最低生理需要拓展到人的基本需要。② 马丁·瑞沃林（2005）认为绝对贫困不仅是满足最低限度的生活需要，还包括整个贫困比较领域而产生的更高的生活需要。③

由于贫困与一定社会背景和经济发展水平相联系，因此除了根据收入或消费的绝对值衡量贫困，贫困也具有相对性，即一部分人的收入可以满足生存需要，但是明显低于当地其他人的收入时也是贫困的。加尔布雷斯（Galbraith，1958）认为即使一部分人的收入可以满足生存需要，但是明显低于当地其他人的收入时，他们也是贫困的，因为他们得不到当地大部分人认可的体面生活所需要的起码条件。④ 阿洛克（Alcock, 1993）认为，相对贫困是建立在穷人的生活水平与其他非贫困人口生活水平相比较基础之上的，因而通常要对社会总体生活水平（或收入水平）进行测量。⑤

然而，随着经济社会的发展和人类文明程度的提高，以及人们对于福利、公平、民主、人权诉求日益提高，越来越多的学者、研究机构和政府认为仅从收入和消费角度定义贫困是片面的，贫困还与能力、权利、社会排斥等相关。阿马蒂亚·森认为能力贫困是指失去生存和发展的机会，或被剥夺了维持某种最低可接受目标水平的基本能力，能力贫困涉及不良的健康和营养状况、较低的受教育水平和技能、谋生手段的缺乏、恶劣的居住条件、社会排斥及社会参与的缺乏等方面。权利贫困是指由于缺乏平等权利和社会参与条件，社会中的部分特殊群体的政治权利、经济权利、文化权利及基本人权缺乏应有的保障，从而导致这些群体难以享有与其他社会成员基本同等的权利而导致的贫困状态。社会排斥是指特定个人或群体被排除在社会主流之外或被边缘化，从而导致不能参与社会主流生活的各个方面，社会成员在消费、生产、政治等领域的参与不足或不参与都被认为是社会排斥的存在形式。

---

① Rowntree, Benjiamin Seebohm. Poverty: A Study of Town Life [M]. London: Macmillan Publishers, 1901.

② 中国发展研究基金会. 中国发展报告2007：在发展中消除贫困 [M]. 北京：中国发展出版社，2007：17.

③ 马丁·瑞沃林. 贫困的比较 [M]. 北京：北京大学出版社，2005：40.

④ 郭熙保. 论贫困概念的内涵 [J]. 山东社会科学，2005（12）：45-54+19.

⑤ Peter Alcock. Understanding Poverty [M]. London: the Macmillan Publishers, 1993: 106.

从上述贫困的各种定义可知：贫困是一个历史范畴，不会因为其发展阶段的高级化而消失，是一个国家或地区经济社会发展进步的历史过程，伴随时间或发展阶段的演变具有不同的时代内涵；二是贫困并非单纯经济现象，还与人的能力差异与权利不平等相关；三是贫困具有复合型多元化特征，除了以收入来表示贫困特征外，众多社会发展指标也可以用来表示贫困的特征。

2. 慢性贫困的内涵

慢性贫困（chronic poverty，也可译作长期贫困或持续贫困），是以时间来界定的一种贫困。按照慢性贫困研究中心（CPRC）的最初定义，慢性贫困是"五年后仍处于贫困的人口"（CPRC，2005）。[1] 后来，该机构重新定义指出，慢性贫困是经历很长时间——许多年甚至是一生的贫困，生活在这种贫困中的人不能够满足其对食物、衣物或住房的最低需要。此外，西方的贫困问题研究学者将贫困分为五种状态（总是贫困、经常贫困、摩擦贫困、偶尔贫困和从不贫困）、三大类型（长期贫困、暂时贫困和不贫困），他们之间区分在于各自状况与贫困线的差距、贫困持续时间的长短、频率等。相对集中的看法是，慢性贫困是指一个家庭经历了5年或5年以上的确切的能力剥夺。[2] 从慢性贫困的内容看，至少包括三种类型的贫困。一是长期贫困，即外部条件保持不变，个人或家庭许多年都难以摆脱的一种贫困现象；二是生命历程贫困，即经历一个人全部人生的一种贫困现象；三是跨代贫困；从父母到孩子传递的一种贫困现象，而孩子又通过儿童—青年—遗传方式将贫困再向下一代传递。[3]

5.1.2 慢性贫困的主要特征

慢性贫困除了延续收入贫困的基本特征外，还特别强调贫困的持续性、地

---

[1] Chronic Poverty Research Centre. The Chronic Poverty Report 2004 - 2005 [M]. Manchester Press, 2005.
[2] 何晓琦. 长期贫困的定义与特征 [J]. 贵州财经学院学报，2004（06）：53 - 57.
[3] 陈健生. 生态脆弱地区农村慢性贫困研究 [D]. 西南财经大学博士学位论文，2008.

域性、多元化、代际传递和持续脱贫的不稳定性。

一是慢性贫困的基本特征就是持续时间长。根据国外研究，5 年是一个人最重要的时期，如果一个人的一生中有 5 年时间或超过 5 年的时间处于贫困状态，那么在他剩下的生命时间里他继续处于贫困状态的可能性将十分巨大。[①] 此外，更长时期的贫困还包括生命历程贫困和代际贫困，前者指一个人的一生均处于贫困，后者指贫困向下一代传递。

二是慢性贫困的地域性。慢性贫困更容易发生在资源匮乏、地理区位边远的地区，一些自然环境恶劣的地区会加剧慢性贫困。从当前我国和四川藏区贫困的现状来看，山区更容易出现慢性贫困。

三是慢性贫困的原因多元化。慢性贫困除了关注收入指标外，还关注其他指标，慢性贫困的表现具有多样性，如消费、权利、能力、收入的不平等程度等。事实上，慢性贫困不是单一因素造成的，而是物质缺乏、外部冲击、权利剥夺等相互作用的结果，主要表现为生活缺乏有效物质保障、健康和教育遭受剥夺、自然环境变化的冲击等。不同因素在不同区域所起作用不同。

四是贫困的代际传递。跨代的贫困传递是慢性贫困最为实质的界定，一代可以定义为 15~20 年，贫困代际传递既是慢性贫困特征也是原因。[②] 贫困代际传递主要是上代人口的不良的健康、教育状况及家庭资产向下代传递导致其发展能力不足和缺乏资产收益。

五是持续脱贫的不稳定性。个体或家庭的慢性贫困分为两种情况，一是始终贫困，消费或收入长期处于贫困线之下；二是经常贫困，可能在较长时间内贫困人口由于外在因素影响出现过短暂（通常一年）的脱贫，但又迅速返贫的状态。返贫是慢性贫困的重要表现，从现实情况来看，伤亡、疾病、健康是导致返贫重要因素，在很多情况下，慢性贫困往往是由于家庭主要收入者的去世或患病引起的。

---

① Hulme D., Moore K., Shepherd A. Chronic poverty: meanings and analytical frameworks [J]. Ssrn Electronic Journal, 2001, 106 (D16): 18015-18027.

② McGregor, J. A., Copestake, J. G., Wood G. The Inter-generational bargain: an Introduction [J]. Journal of International Development, 1999, 12 (4): 447-451.

5.2 四川藏区慢性贫困的基本特征

国内对于慢性贫困问题的关注度还不够，因而缺乏相应的统计，各地也未对此进行专门统计，本研究通过部分区域和群体的个案分析来研究此问题。以精准扶贫采集数据和样本问卷调查数据为基础，结合四川藏区贫困总体特征，对四川藏区农村慢性贫困的基本情况进行分析。

5.2.1 农村慢性贫困现状及特点

1. 慢性贫困是四川藏区贫困的主要类型

四川藏区是我国贫困情况最为严重的区域，是我国集中连片特殊困难地区。根据"两州一县"扶贫部门公布的数据，2016年底有贫困人口19.73万人，占四川省贫困人口总数的7.7%；贫困发生率12.8%，高于四川省8.5个百分点。这些贫困人口，除了人均纯收入普遍低于贫困标准线之外，还具有持续性、地域性等特征，多属于明显的慢性贫困。从贫困持续时间看，贫困持续时间≥5年的人口接近75%，贫困时间持续1~4年的被访人口占到24.5%，鲜有贫困持续时间小于1年的人口。

2. 家庭就业不充分且就业层次低

对广大农村而言，家中只要有一位劳动力常年在外务工，其家庭收入一般就有保障，外出务工成为农村家庭提高收入和摆脱贫困的重要途径。对于贫困家庭而言，就业不充分、劳动力缺乏或就业层次低是导致其增收困难或陷入贫困的直接原因。近年来，随着四川在藏区旅游开发和重大工程项目建设加快，创造了大量就业岗位，解决了一部分当地群众的就业问题，但绝大多数家庭的就业仍然不充分且以体力劳动为主。主要原因在于贫困人口普遍缺乏必要的劳动技能和文化素质较低。根据笔者利用抽样调查数据对甘孜、阿坝州的423户农户的分析,这些受访家庭的劳动力中,有过劳动力参加技能培训的仅占10%左右,从事非农就业经历的家庭比重仅占32%左右,而且绝大多数为短暂的临时性务工,如参与大型基础设施建设、手工艺品制作等,真正完全从事非农产业的家庭极少,这反映出贫困户从事的体力型行业具有较强的流动性和时令性,缺乏相对长期稳定的收入来源。

3. 贫困家庭非理性消费导致负债水平普遍较高

在收入低的情况下,贫困家庭一方面需要追求温饱,另一方面还要面临其他方面的较多开支,入不敷出的情况时常出现。因此,贫困家庭的负债便成为一种普遍现象。根据笔者在甘孜州某高海拔县的调查发现,超过80%的被访家庭存在负债现象,平均负债金额接近万元,借款额度较高的家庭为5.2万元,平均借款年限接近4年,借款年限最长的为13年。其中一半以上的贫困人口认为还款有些困难,认为还款非常困难的占到20%左右。藏区家庭负债较高的原因主要有以下方面:一是"婚丧嫁娶"等人情支出过高,突出表现在半农半牧区,一般家庭的年户均支出大约在万元左右。二是住房修建支出,尽管四川藏区各县的农牧民居住习惯和建筑风貌等不同,但房屋建造成本均普遍较高,且一般住房均要具备日常生活起居、佛事活动、牲畜养殖等功能,建筑面积相对较大,藏式装饰工艺也较为复杂,因而住房修建费用一般约为农牧民家庭年收入的3~5倍以上,多数家庭会采取借贷的方式筹措部分建房资金。三是宗教领域的支出巨大,一般家庭用于日常的纯粹宗教支出要占其现金收入的20%~30%;此外,隐性的宗教支出也普遍存在,如送子女到寺庙学习、生病到寺庙医治以及日常纠纷寻求寺庙帮助等产生的费用。

4. 贫困的代际传递较为突出

贫困的代际传递是当前农村较为普遍的现象,尤其在四川藏区这一问题更是十分突出。在藏区的调查中发现,有80%以上的被访户认为父辈们就存在贫困。在问及贫困代际的成因方面,绝大多数受访者认为是父辈未留下有价值的资产,如条件较好的房屋、存款、生产资料等。也有相当部分人认为父辈文化水平较低,对子女教育的重视程度和投资不够,大多数贫困户子女多数教育年限较短，导致其缺乏必要的就业技能，同时也对下一代的教育投入形成不利影响，如此反复循环是贫困家庭较为普遍的状况。除物资资本和人力资本缺乏外，社会排斥和发展机会的缺失容易导致贫困代际相传，贫困家庭无法与其他群体进行平等交流，平时交往群体也多为农民或贫困户，缺乏获得发展机会的渠道，长此以往，贫困群体就会形成贫困亚文化，贫困文化使贫困者的思维模式、行为方式和价值观不断固化、积累和沉淀，并对周围的人产生影响，尤其是对贫困者的后代产生影响，使贫困在家庭内部代际传递。

5. 返贫现象十分普遍

贫困地区人口抵御外部风险的能力往往偏弱，刚实现脱贫的人口遇到不利的情况就极容易重新陷入贫困状态。目前，四川藏区贫困人口返贫率普遍较高，原因主要有以下几个方面：第一，农牧民生产的农产品，除一部分用于自身消费外，其余部分只有通过流通才能转化为收入。但近年来农业生产经营成本持续上升，效益下滑，加之农产品价格波动剧烈，导致农业生产不仅无法创造收入，反而经常产生亏损。第二，四川藏区自然灾害频发，农业生产条件极差，刚刚解决温饱的贫困户，抵御自然灾害的能力普遍较弱，一遇到自然灾害就会再次返贫。第三，工程移民、生态移民和异地扶贫搬迁等工程，仅仅解决了低收入群体的住房和口粮问题，但由于失去原有资产、迁入地配套产业发展不足以及新居建设的投入等，低收入群体也容易再次陷入贫困。第四，除了上述外在风险之外，更多的风险来自于贫困家庭内部。疾病、上学、婚丧嫁娶等都是低收入家庭无法承担之重，极易让刚刚摆脱贫困的家庭债台高筑而返贫。

5.2.2 农村慢性贫困形成的原因

1. 自然环境较差

自然地理环境是人类社会生存发展的客观物质基础，也是影响贫困的最为重要原因之一，当今世界各国贫困发生率较高的地区一般为自然地理条件较差、发展难度较大的区域。四川藏区自然环境恶劣，生产生活条件较差，是导致区域整体贫困的重要原因。一是资源匮乏且土地产出率低。四川藏区耕地多分布于高山峡谷地带,多为陡坡地,耕地资源十分有限,90%以上地区农作物为一年一熟,有82%的耕地分布在干旱贫瘠的高山峡谷地,抵抗自然灾害的能力极其微弱。同时,该地区土地质级差、零星分散且不成规模,集中成片的耕地面积平均仅3.6亩,且坡度在10度以上,水土流失严重,中低产田土的面积高达80%,主产粮食青稞亩产一直徘徊在150公斤左右,人均占有粮食仅240公斤,远远不能自给自足。二是生存条件恶劣。根据统计,大部分人居住在平均海拔3000米以上的高山、半高山或深沟峡谷区域中,受山脉、河流分隔,交通极其不便,与区外联系十分困难。如甘孜州70%的人口生活在高山峡谷中,有1/3的区域缺乏生存条件。阿坝州有205个村11.5万人生活在海拔3000米以上的高寒山区,有250个村7.5万人居住在坡度40度以上的陡坡上,有38个村1.38万人生活在与外界几乎完全隔绝的深沟里。三是自然灾害的冲击使贫困人口极易陷入贫困。根据有关统计,四川藏区平均每年因自然灾害造成的经济损失要占本区域GDP的10%~20%,普遍存在"丰年越温,灾年返贫"的现象。如汶川特大地震发生后的2008年,笔者到灾区调查,汶川、理县等县贫困发生率达到90%以上。而甘孜州目前有近1/4的贫困人口居住在生存条件十分恶劣、生态环境十分脆弱的地区,其中居住在山体滑坡、泥石流、地震等自然灾害频发区的农牧民有15万人左右。地处这类区域的农牧民一旦受灾或者搬迁,就会背上沉重的包袱,家庭资产几乎损失殆尽,就会陷入长期贫困的深渊[①]。

2. 劳动力和人力资本不足

家庭劳动力状况是决定家庭收入状况的重要因素,劳动力缺失是四川藏区贫困家庭长期处于贫困的重要原因。笔者在四川藏区的调查发现,约1/3的贫困人口丧失劳动力或无劳动力,仅有极少数贫困人口是拥有技能的劳动力,其余的贫困人口属于普通劳动力,即仅能从事体力劳动。同时,藏区相当一部分青壮年到寺庙修行情况普遍,青壮年劳动力外出务工的趋势也较为明显,农牧

---

① 王建平,反贫困政策调整优化研究——基于川西北藏区的实证分析[M].北京:经济科学出版社,2016年.

区人口多为留守老人、妇女和儿童，农牧区空心化问题在部分地区也较为突出，其原因是缺乏必要的收入来源，这也是慢性贫困的主要群体。此外，劳动力的健康、教育、职业技能等要素也影响着家庭收入状况。从健康状况看，简陋的医疗卫生条件与恶劣的自然条件、贫穷的生存状况相互叠加，使得多数贫困农牧民群众在面临各种疾病困扰的同时，由于缺乏必要的医疗卫生条件，基本的身体健康得不到保障，因而整体身体素质水平差，老、弱、病、残等特困群体大。面对各种疾病，农牧民单纯依靠自身力量难以摆脱贫困与疾病的制约，因病而穷、因穷致病，贫穷与疾病交织已成为该地区发展过程中的突出问题。从教育状况看，藏区教育质量和人口教育素质仍然较低，文盲、半文盲比重仍然较高，在藏区部分边远乡村一半以上人口不识字，青壮年文盲率较高的情况也较为普遍，藏区农村青壮年劳动力中小学及以下学历占比达到80%以上。从上述分析可知，绝大部分贫困人口均存在发展能力不足的问题，他们往往不能有效把握发展机遇获得收入，外部条件的改善对于帮助其脱困的作用更是不明显。因此，劳动力不足、人力资本低下正成为慢性贫困主要因素之一。

3. 缺乏产业支撑

产业发展不足是制约贫困地区发展和贫困户增收脱贫的重要因素。四川藏区贫困人口集中的区域多是资源禀赋条件较差区域，发展特色产业的条件不足，即便部分地区拥有丰富的资源，但由于基础条件较差和缺乏资金，资源开发尚未提上日程，难以对当地群众致富起带动作用，大多数贫困农村缺乏对群众增收带动作用强的产业。近年来，虽然政府加强了对贫困农村产业培育的引导，但政府引导和市场需求脱节的现象十分严重，农村产业的分散化和同质化现象严重，农业生产的经济效益仍然十分低下。如笔者在四川藏区调查发现，部分贫困户普遍希望发展养猪、养鸡等熟悉的养殖业，但地方政府要求将水果、蔬菜或乡村旅游作为产业扶贫项目，由于缺乏相应的技术和经验，许多贫困户不愿或难以参与，导致产业扶贫项目流于形式，而无法为贫困户带来真正的经济效益。另外，产业扶贫资源投入过于强调精准到户在一定程度上也制约了农村产业发展。当前扶贫开发中，部分地区直接将产业扶贫项目分解到各个贫困户，如将果树苗、牲畜等均分到各户，忽视了农户间合作机制的建立，导致单个贫困户由于缺少经验和配套投入而难以有效实施产业项目并获得经济收益。

4. 思想观念落后

近年来，随着农村义务教育的普及和农村青壮年普遍外出务工，农民文化水平有了很大提高，思想观念有了很大转变。但在藏区部分偏远山区 40 岁以上的贫困人群中，受极度贫困、交通不便、文化传统和重男轻女观念等因素影响，相当一部分人只读完小学，一部分人小学辍学，还有一些人是文盲，文化程度普遍低。由于文化程度低，长期处于封闭落后的环境中，其中有些人担心到外面会适应不了而不愿意移民搬迁，畏惧情绪严重；有些人因为习惯靠天吃饭，依靠救济维持低成本、低质量的生活状态；有些人虽然脱贫致富的积极性很高，但限于知识水平和生产习惯，不愿经营"高投入高产出"的现代产业，宁愿继续"低投入低产出"的传统产业，长期无法脱贫。更为严重的是，由于贫困群体多是集中居住，他们容易形成一整套特定的生活方式、行为准则及价值观念，这些思想特征在贫困人群之间不断强化，塑造着贫困人群的基本特点和人格，导致他们难以摆脱贫困。

5.3 四川藏区慢性贫困治理措施的缺失

5.3.1 贫困人口识别不精准

贫困人口识别是开展精准扶贫的先决条件，没有准确定位帮扶的对象，就像一场没有敌人的战斗。然而在实施精准扶贫过程中，贫困人口的识别不够精准，尤其是长期处于贫困状态的慢性贫困人口未纳入政策范围，导致精准扶贫政策难以惠及所有贫困人口。

1. 贫困居民底数不清

四川藏区贫困人口多、贫困面广，需要进村入户核实的数量多、任务大，工作中难以逐户逐项核实情况，特别是经济收入情况难以准确核实，并且有些乡镇或村未严格执行贫困人员认定标准和评选程序，"关系户""人情户"依然存在，个别地方一些大姓、家族及官员亲属对评定影响较大，进而导致识别误差。农民收入渠道多且难以核算，如农牧民采集松茸、虫草等的收入难以准确统计，要把贫困家庭贫困程度进行排列并作比较也是一件较难的事情。此外，部分农户为隐瞒贫困户资格，通过隐瞒、转移等手段降低家庭收入，甚至部分出现父母与子女分家以降低单户收入和财产的行为。

2. 贫困人口识别标准不合理

四川藏区在开展精准扶贫工作过程中，将年人均纯收入在2300元（2010年不变价）的国家扶贫标准以下的具备劳动能力的农村居民纳入贫困人口。但这一标准的确定具有不合理性，尤其是对于四川的高原地区此标准明显偏低，没有充分考虑到高原地区的物价、饮食结构等因素。根据笔者的测算，在四川藏区维持基本生存需要的消费支出大约为国家标准的1.5倍左右。贫困线标准过低，意味着更多人难以纳入贫困人口扶持范围。除了收入标准不合理以外，其他方面也存在一些问题。如部分地区在识别贫困人口时，规定即便是家境十分贫困，只要家中有机动车辆、机关事业单位工作人员等均不得纳入贫困人口范畴。这种机械的评价标准，使不少贫困户、低保户、残疾人口被排除在外。同时，藏区群众的财富观念与内地农民存在较大差异，生产生活方式也存在较大差异。仅仅以贫困线和收入作为贫困户认定标准容易使藏区复杂的贫困成因简单化。

3. 扶强不扶弱问题突出

贫困人口处于社会的底层，最需要得到各个方面的帮扶。但是扶贫从经济学意义上讲属于公共产品，不具有排他性。因此，在扶贫项目实施过程中，所有项目针对所有村组成员，在项目上"一刀切"，没有考虑到贫困人口的现实需求和困难。同时，由于很多精准扶贫项目除政府给予一定补助之外，都需要农牧民自己出一部分配套资金，而这部分资金明显超过贫困人口的承受能力，这种设置较高的门槛是贫困人口被排斥在项目之外，而经济条件较好的贫困人口则受益最大，因此容易导致"帮富不帮穷"的不合理现象。如农村住房改造补助户均两万元左右，但实际建房要十多万元，经济条件相对较好的农户能够参与，贫困家庭则只能无奈放弃。又如政府扶持贫困地区发展特色种养殖业，除了政府给予一定补给外，还需要较大资金投入，贫困家庭根本无法承受，这些项目往往由经济条件较好的农户获得。因此，扶贫政策容易成为"扶贫造富"机器，长期处于贫困状态的家庭得不到扶持，还加剧了贫富差距。

5.3.2 扶贫政策短期化倾向明显

慢性贫困的治理需要根据不同的致贫原因，采取系统且长期化的政策措施。但在当前以年度的收入水平、贫困人口数量作为主要减贫考核指标的背景下，扶贫政策更多聚焦于解决短期的贫困现象，而对慢性贫困问题重视程度明显不够。

1. 注重物质救济

从目前扶贫资金和项目的投向可发现，现行政策特别重视对物质资本尤其是基础设施的倾斜，只有很少比例的资金被分配到与提高贫困人口人力资本水平相关的社会事业、教育、卫生、培训等领域。出现这种情况的原因主要为：现行的扶贫政策目标是解决贫困问题，而很少考虑社会发展指标；现行政绩考核体制中地区生产总值仍是重要指标，因而投资于物质资本，对短期内提高地方政府政绩效果更为明显，因此一些基层干部缺乏"功成不必在我"的胸怀，习惯于搞基础设施建设。

2. 对贫困人口能力提升重视程度不够

长期以来，对人力资本投入的认识不足，把用于社会事业的投入看作是消费，而不是投资。按照马克思的观点，人是生产力中最活跃、最具决定性的因素，人的能力素质极大影响生产力的大小和生产效率的高低。事实上，人力资本缺乏是导致农村慢性贫困的内在因素和根源，由于贫困人口发展能力不足，即便是通过资金投入等外部力量使其暂时脱贫，但在受到外部条件冲击的情况下也很容易重新返贫。笔者在调查中发现，目前四川藏区返贫率高的主要原因就是扶贫政策目标具有短期化特征，不注重对扶贫成果的巩固。如果不转变重物质投资轻人力资本投资的短期化思维，贫困人口的脱贫就难以实现良性循环，慢性贫困的问题就会变得愈加突出。

3. 对产业扶持的重视程度不够

要实现"输血"式扶贫向"造血"式扶贫的转变，必须要让贫困人口具有持续的增收渠道，发展特色优势产业是增强贫困人口自我发展能力的重要途径。目前，在开展精准扶贫过程中，地方政府对产业发展的重视程度还有待提高。一方面，一个地方要找准帮助贫困户实现脱贫致富的特色主导产业十分困难，尤其是种养殖业周期长、产品市场行情可预见性不强，给扶贫产业的选定带来较大的困难，地方政府在信息咨询、市场拓展等方面也未给予贫困人口充分的支持。另一方面，新农村扶贫过程中，产业培育不同步，扶贫项目中对特色产业项目安排较少，大多数县未安排专项扶持资金，贫困农户因建房进行较大投入后无力再寻找资金投入产业。

5.3.3 社会保障兜底功能不完善

社会保障是通过财政手段实行的调节社会收入分配、缩小贫富差距的一种方式，是国家依法对社会成员的基本生活予以保障的社会安全制度，劳动者在丧失或中断劳动能力，以及遭受各种风险而不能维持最低水平生活的情况下，有从国家和社会获得物质帮助的权利，通过实施社会保障、社会救济、社会福利等政策能改善贫困人口的生活状况。完善社会保障体系是国外发达国家普遍采取的反贫困政策，其政策的重点是保障贫困人口的最低生活需要。我国也明确提出了开发式扶贫和保障式扶贫双轮驱动战略，把社会保障兜底作为精准扶贫的重要内容。从解决农村慢性贫困的举措来看，除了通过发展生产和就业提高贫困人口收入外，社会保障也是重要手段，尤其是针对丧失劳动能力的贫困人口。据调查，目前四川藏区绝大多数贫困群体为缺乏劳动力的伤、残、病、老等人口，还有相当部分贫困家庭致贫原因在于长期受到自然灾害导致家庭资产的损失，他们想脱贫却受客观条件制约，心有余而力不足。就业扶持和发展生产对这类贫困人口作用不明显，尤其是目前开展的产业类扶贫项目，大部分失去劳动能力的贫困户不能独立承担。要使这部分人口的基本生活有保障，必须充分发挥社会保障的兜底功能。四川在实施精准扶贫中，也将失去劳动能力的贫困人口纳入社会保障体系，主要是通过农村养老保险、医疗保险和农村最低生活保障制度实现。但目前保障层次和水平仍然偏低，不少贫困人口的基本生活难以得到有效保障。

1. 农村养老保险补贴和保障水平偏低

2016年底四川藏区农村养老保险缴费标准为一年100元、200元、300元、400元和500元5个档次，政府补贴标准最低为40元/年（人），最高不超过60元/年（人），按照15年缴费计算，每人要缴纳10800～79200元不等的费用。在调查中发现，相当一部分农村贫困户由于无法承担该项费用而未购买养老保险。即便是购买养老保险，大多数也会选择较低档次的保险，与之相对应的是每月仅不到300元的养老金，难以满足基本生活的消费需要，因而对改变贫困人口生活处境没有多大作用。

2. 医疗保险制度仍有改进之处

因病致贫、因病返贫是农村慢性贫困的重要原因和特征。当前，农村医疗保险制度实现了全覆盖，保障水平也在不断提高，对缓解农村贫困人口的医疗支出压力起到了重要作用，但仍未有效地解决因病致贫、因病返贫的问题。目前，普通疾病已经纳入医保报销范围，藏区也开展了大病保险试点，但一些特殊地方病和重大疾病并未纳入大病保险范畴，患病的贫困人口要么举债治疗，要么放弃治疗。同时，现行报销政策鼓励在当地基层医疗机构的治疗，在外地治疗的医疗费用报销比例较低，农村重大疾病当地一般难以治疗，必须到较好的医疗机构才能治疗，报销比例偏低意味着自己要承担更多医疗费用，这对于贫困家庭来说也是一笔巨大开支。

3. 农村最低生活保障水平低

农村最低生活保障制度是政府为保障收入难以维持最基本生活的贫困人口而建立的救济制度,主要针对无劳动能力的农村贫困人口。目前四川藏区农村已经初步建立了覆盖面较广、分类施保的农村低保制度。但由于经费短缺,需要救济的人多,农村生活保障往往只能按照最低标准提供福利待遇,在部分地区农村最低生活保障制度覆盖面仍然较低,保障水平也难以保障救助对象的基本生活,甚至有的地方存在非困难家庭人口享受最低生活保障的情况,相当一部分贫困人口得不到救济和补助。同时,尽管2016年四川藏区同四川全省一样将最低生活标准提高到人均240元,但仍不能有效地解决救助对象的基本生活,尤其是在高原地区,由于特殊的地域环境和自然条件造成生活成本高于内地2~3倍,目前的救助标准起不到明显作用。

5.3.4 贫困人口参与扶贫的机制不完善

参与式扶贫是20世纪80年代世界银行等国际组织逐步探索发展起来的一种全新的扶贫模式,它是通过农民参与扶贫项目的决策、实施和监督的过程,提高贫困农户自我发展、自主脱贫的能力,从根本上解决贫困问题。四川藏区慢性贫困普遍存在与贫困人口发展能力不足密切相关,发展能力不足与缺乏学习机会又密切相关,精准扶贫只有与提高贫困人口发展能力结合起来,才能有效解决慢性贫困问题,这就要求在开展精准扶贫工作过程中应积极推广参与式扶贫,让群众全程参与扶贫项目的决策、实施、监督和评价。

当前,四川藏区在农村地区开展的精准扶贫主要还是以政府推动为主,贫困人口仍然处于被动地位,因而对其提高发展能力和扶贫政策、项目精准度作用不明显。一是在思想观念上,无论是地方政府还是贫困人口均把扶贫工作当作救济,地方政府根据上级要求对本地扶贫工作大包大揽,贫困人口被动接受政府各项政策措施。二是在精准扶贫项目规划过程中,政府事先未对贫困人口的项目需求进行充分调查,项目规划过于突出政府的主导,而不重视群众的智慧和创新动力，导致项目与百姓需求脱节。如笔者在调查过程中发现，贫困人口往往更需要产业发展类的项目，但政府实施的项目更多倾向于基础设施建设。三是扶贫资金投入结构不合理，四川藏区扶贫开发实践证明以工代赈是有效吸纳群众参与的扶贫方式，在扶贫项目资金对农牧民增收的影响方面，以工代赈资金效果最为明显，群众参与以工代赈项目建设，不仅能提高收入，而且能提高贫困人口项目实施和管理能力。然而，近年来，以工代赈资金比重有下降趋势，导致其对吸纳贫困人口参与扶贫的效果并不理想。四是贫困人口未参与监督管理，目前扶贫资金存在的问题不仅暴露出行政效能低下，更暴露出公众监督和参与的缺位，作为扶贫资金的受益人，贫困民众缺少话语权，导致扶贫项目和政策难以接地气。

5.3.5　易地扶贫搬迁问题较多

四川藏区贫困人口主要集中在生产生活条件差的地区，这些地区自然灾害频发，生产资料匮乏，土地贫瘠，大多缺乏基本的生产生活条件，这是导致贫困人口长期难以脱贫的重要原因，通过易地搬迁改善其生产生活环境是实现贫困人口长期脱贫的根本之策。为此，四川藏区把易地扶贫搬迁作为精准扶贫的重要内容，制定了详细规划、实施方案和支持政策，但在具体实施过程中仍然面临诸多困难。

1. 覆盖范围有限

目前的易地扶贫搬迁政策仅针对建档立卡贫困人口，其实与贫困人口居住相邻的人口面临同样生活环境，却无法享受政策，这些非贫困人口仍然面临由自然灾害、资源贫乏等因素导致其陷入贫困的风险。尽管这些非贫困人口可以享受农村危房改造、地质灾害避险搬迁等政策扶持，但补助资金有限，也不能从源头上解决根本问题，还极易引发由于政策差异导致的社会矛盾。

2. 资金补助方式易引发矛盾

目前对易地搬迁户的补助标准主要是按照家庭人口数量来确定，中央、省、（市）州财政资金和政府担保贷款合计可以达到人均 6 万元左右。家庭人口数量多意味着获得政府补助资金就高，家庭人口数量少的贫困户极易产生抵触情绪而不愿意搬迁，容易出现因补助差距过大导致的矛盾纠纷。

3. 房屋建设面积标准不符合生活习惯

现行政策规定，易地扶贫搬迁建房的人均住房建设面积不得超过 25 平方米（国家和省级补助面积可按每人 20 平方米计算），配套附属设施（厨房、厕所）不超过 30 平方米。从四川藏区实际看，农村住房不仅承担居住功能，还承担储藏生产生活物资功能以及举办家庭宗教仪式的功能，人均住房面积少则四五十平方米多则上百平方米才能满足日常生活需要，同时还需要配套修建相当面积的院坝及牲畜圈舍。现有住房建设标准明显与藏区生活和居住习惯不相适应，这也是导致贫困户不愿搬迁的重要因素。

4. 搬迁后的后续发展问题亟待解决

目前，地方政府把易地搬迁的工作重心放在房屋及配套基础设施建设上，而对于搬迁贫困户最为关心的生产资料的调整、产业发展等后续问题重视程度还不够，尤其是在高原地区耕地且均已承包到户，重新调整面临的阻力较大，如果处置不当极易引发社会矛盾。由于土地等生产资料难以落实，贫困人口对搬迁还存在顾虑。

5.3.6 社会力量参与扶贫程度较低

政府是精准扶贫的责任主体，社会力量是有益补充，鼓励社会力量参与扶贫是我国扶贫开发的重要思路。社会力量资源多、扶贫方式更加灵活，对于解决由不同原因导致的农村慢性贫困问题本应发挥重要作用，但在精准扶贫过程中，社会力量参与扶贫的程度还比较低。一是社会参与扶贫的意识不强，一些社会组织和社会人士认为扶贫工作是政府的事，与己无关，因而参与扶贫的积极性不高，扶贫主体依然是政府机关和事业单位，只有少数社会组织和民营企业参与到扶贫帮扶工作中。二是社会资源与政府资源未有效整合，无论是政府还是社会组织的扶贫均为单向扶贫，通过政府命令、干部协调的方式开展精准扶贫，且各个部门和单位仅"自扫门前雪"，没有形成合力，造成了资源的浪费。这种"单一造血"的扶贫模式，很难做到精准到户、因户施策、一户一策，解决贫困的能力办法都比较欠缺，对当地贫困群众很难起到实际的帮扶作用。三是帮扶的方式比较单一，各帮扶单位和组织在扶贫帮扶的方式上多采用给钱给物的直接帮助，重"帮"轻"扶"，这种"大水漫灌式"扶贫方式在基础设施建设、产业发展上起到一定作用，但没有针对贫困人口的致贫原因对症下药，不能从根本上解决脱贫问题。

5.3.7 资产收益扶贫制度不健全

资产收益扶持制度，主要针对的是自主创收能力受限制的农村贫困人口，目的在于把细碎、分散、沉睡的各种资源要素转化为资产，整合到优势产业平台上，让贫困人口享受到优质资源，实现脱贫致富。资产收益扶贫与社会保障兜底均是解决农村慢性贫困的重要方式。四川藏区在开展精准扶贫过程中，也将资产收益扶贫作为贫困人口增收的重要手段，资产扶贫方式主要是将财政专项扶贫资金投入农民专业合作社形成的资产（如合作社的厂房），以"贫困优先股"的形式全部量化给贫困户，并确保贫困户分红底线（可参照商业银行一年期定期存款利率）；财政支农资金投入到农村集体经济组织形成资产（如新村的公共设施），其中划出一部分设立"贫困户股份"，剩余部分再量化给社员。

目前，四川藏区开展的资产收益扶贫还存在一定局限，需要在探索中不断完善。一是手段单一，资产收益扶贫不仅是通过财政资金的股份化实现增收，还包括农户和集体拥有的土地、林地、草地、荒山、滩涂、水面、房屋、建筑物、机械设备等资源和资产股份量化后入股发展生产经营活动实现收入增长。但由于部分地区资源禀赋较差，发展生产和产业面临的制约因素较多，这些地方开展的资产扶贫以前者为主，不利于通过股权纽带，把贫困农户与企业、合作社、家庭农场等经营主体连接起来实现增收效益最大化，也不利于财政资金扶贫效益的最大化。二是产权关系不清晰，产权明晰是资产股份化的前提，目前四川部分农村确权登记颁证和清产核资工作正处在实施阶段,尚未全面完成,资源型资产、非资源型资产、经营性资产、公共基础设施确权难度较大,农民承包土地经营权、宅基地使用权、农民住房产权缺乏政策支撑和条件。三是相当一部分地区缺乏产业支撑,产业平台是资产扶贫收益的重要载体,由于资源和自然条件制约,缺乏产业发展的基础条件或难以找到适合当地的产业发展。四是风险防范机制不健全,开展资产收益扶贫的项目主要依托于特色农业发展,由于农业产业前期投入大,生产周期长,受自然灾害、市场波动双重影响程度深,农业生产风险大,而目前财政资金投入中仅考虑生产环节,未对政策性保险、信用担保、财政补贴等风险防范体系进行投入。

5.4 四川藏区农村慢性贫困的治理措施

5.4.1 完善贫困人口精准识别机制

针对贫困人口识别存在的问题,应从进一步完善机制,确保扶贫对象切实获得帮助。一是应适当提高贫困线标准,确保将更多的实际贫困人口纳入精准扶贫帮扶范围。二是建立多维贫困监测体系,将贫困家庭收入及财产、健康状况、劳动力状况、住房及配套设施、消费情况等纳入评价体系。三是规范评议程序,完善以基层民主评议和量化指标评估相结合的贫困人口识别机制,引入外部专家开展外部监测和评估。四是加强监督,强化纪检监察部门督查力度,引导群众参与贫困户评定和监督,加大违规或恶意骗取扶贫资源相关人员处罚力度。

5.4.2 强化社会保障的兜底功能

针对农村贫困人口中丧失劳动力人口占相当比例的实际,应通过完善社会保障体系保障贫困人口基本生活需要。一是扩大社会保障覆盖面,实现应保尽保。目前，四川藏区逐步建立起以新农保、新农合、农村低保和五保供养为主的农村社会保障体系，将大部分农村人口纳入了社会保障网络。但藏区贫困人口尤其是老、弱、病、残等缺乏劳动能力的贫困人口较多，在地方可用于财力有限的情况下，尚有部分人口未纳入农村社会保障网络。应加大对农村社保财政投入，将缺乏能力的贫困人口纳入基本养老保险范畴；逐步扩大农村大病医疗保险病种范围，将长期慢性病、地方病等重大疾病纳入报销范围，减轻因病致贫、贫病交织等长期贫困家庭的压力。二是提高社会保障水平，满足贫困人口最低生活需要。逐步提高社保统筹层次和社会保障水平，提高新农保缴费补贴和基础养老金标准，调动参保积极性的同时保障年老、体衰、身残贫困人口的最低生活需要；提高最低生活补助标准，充分考虑不同区域生活费用与收入差距，将保障标准与各地生活费用挂钩，切实保障贫困人口最低生活需要。三是提高大病医疗保险和新型农村合作医疗保险报销比例，适度扩大报销范围，提高重大疾病异地报销标准，切实降低贫困人口医疗负担。

5.4.3 建立教育—就业一体化体系

教育和培训是提高贫困人口就业技能进而从根本上消除慢性贫困的重要前提和基础，根据农村贫困人口文化水平和技能水平偏低的情况，应在加强就业技能培训同时，打通教育培训向就业的通道，构建教育—就业一体化体系。一是大力发展职业教育和开展技能培训。加大职业技术学校和职业技能培训网点建设，通过加大对学校和培训机构财政投入补贴力度，提高职业学校和培训机构对贫困农村家庭先进适宜的种养殖技术、就业专业技能培训等积极性，丰富和拓展职业技术和技能培训内容。二是完善教育就业衔接机制。健全订单式教育培训就业服务机制，根据企业用工技术技能要求以及公益就业岗位要求，积极引导职业培训机构开展针对性的教育培训工作。三是完善基层就业服务体系。在市场机制失灵和社会机构不愿介入的情况下，应依托贫困地区基层政府和党组织的作用，建立就业信息发布和收集的服务网点，积极组织有劳动能力的贫困人口进行劳务输出，切实做到教育培训、转移就业和脱贫相结合。

5.4.4 加大易地扶贫搬迁力度

将生产生活条件恶劣地区的贫困人口转移出来是实现贫困人口持续脱贫的重要前提。一是要统筹考虑非贫困人口搬迁问题，对生产生活条件较差区域，在尊重群众意愿基础上争取实施整体搬迁，非贫困人口搬迁补助资金可以通过农村危房改造、地质灾害避险搬迁、城乡建设用地增减挂钩补助、贴息贷款等方式解决。二是创新安置房建设方式，根据农村生产生活实际需要和各地区风俗习惯，在抓好住房建设的同时，集中修建仓储、养殖、文化活动、宗教仪式等配套用房，便利群众生产生活需要。三是强化易地扶贫搬迁后续扶持，把易地扶贫搬迁工程同小集镇建设、生态建设和文明新村建设结合起来，利用各种支农资金重点支持易地扶贫搬迁村社，加快易地扶贫搬迁新农村建设；重视特色产业培育，因地制宜发展观光农业、特色种养殖等产业，有针对性地开发一批公益性岗位，加强劳动力技能培训和就业服务，确保易地搬迁贫困人口生活上有保障、收入上有提高，逐步走上富裕的道路。

5.4.5 创新社会组织和贫困人口参与机制

精准扶贫政府起主导作用，但社会组织和贫困人口参与精准扶贫的作用也十分重要，应加快构建政府主导、多方参与的精准扶贫开发参与机制。一是广泛动员社会组织参与扶贫，一方面鼓励民营企业、专业机构和非政府组织根据能力大小和意愿，支持社会组织自主选择以贫困村、贫困户等帮扶对象，实施结对帮扶，并根据专业特点在自身比较擅长的领域实施教育扶贫、小额贷款等扶贫措施；另一方面，加快推进政府面向社会购买扶贫服务，支持社会组织通过公开竞争方式承接政府扶贫公共服务、承担扶贫项目实施、技术推广、能力培训等。二是注重发挥农村社区在扶贫开发中的作用，将精准扶贫与农村治理紧密结合起来，加大贫困村农民合作组织、资金互助社、集体经济组织的培育，发展壮大集体经济组织。三是发挥贫困人口的主体作用，针对有劳动能力且有强烈脱贫意愿的贫困人口，让其全程参与精准扶贫计划的制定、实施和监督，充分发挥和调动贫困人口的积极作用，提高扶贫的精准性和有效性；探索创新先富与后富、先脱贫与后脱贫贫困户之间的互助合作机制、互助帮互机制，发挥先富、先脱贫户的示范带动作用；进一步加大以工代赈项目实施力度，尽可能吸纳贫困人口参与项目建设提高收入，同时提供用于培训贫困人口的配套资金，提高贫困人口技术技能。

5.4.6 推广资产收益扶贫制度

资产收益扶贫能将贫困农户分散的资产整合起来，按照市场化经营获取长期稳定收入，是治理农村慢性贫困的有效方式，应给予大力推广。一是加快推进农户和集体资产的确权工作，对贫困地区农村资源型资产、非资源型资产、经营性资产、公共基础设施产权进行界定，完成农民承包土地经营权、农民住房产权、宅基地使用权等确权颁证，为推广资产收益扶贫制度奠定基础。二是引导社会资本参与扶贫小额贷款、财政扶持资金有效对接，探索社会资本、财政扶持、贫困户共同入股合作经营模式，有效解决农村特色产业发展资金不足和农户及集体经济组织生产经营管理能力薄弱问题。三是建立贫困地区自然资源开发的反哺机制，凡是企业到贫困地区开发水电、矿产、旅游等特色资源，必须安排一部分股份给当地贫困户或集体，贫困户或集体还可以土地、山林、房屋等资源入股。四是完善风险防范机制，强化对资产收益扶贫项目的论证和风险评估，完善政策性保险、信用担保、财政补贴等风险防范体系，提供风险防范能力。

第 6 章

四川藏区特色生态产业发展研究

当前,四川藏区经济社会发展水平较低,区域整体性贫困问题仍然突出,增强区域自我发展能力是实现繁荣发展的重要基础。发挥区域生态优势和资源优势,在保护生态环境前提下,促进产业生态化和生态产业化发展,加快特色资源开发,发展壮大特色产业,构建具有比较优势的生态产业体系,对增强地区经济发展后劲、提高自我发展能力、促进群众脱贫致富和实现可持续发展具有重要意义。

6.1 特色产业的特点及选择

6.1.1 特色产业概念及特征

1. 特色产业的理论来源

特色产业的定义来源于区域分工理论。马克思认为:"同一个生产部门,根据其原料的不同,根据同一种原料可能具有的不同形式,而分成不同的有的是崭新的工场手工业。""把一定生产部门固定在国家一定地区的地域分工,由于利用各种特点的工场手工业生产的出现，获得了新的推动力。"[1] 亚当·斯密的绝对成本理论认为，每一个国家都有生产某种产品的绝对优势，如果各国按照绝对成本的高低进行国际分工，即专业化生产绝对成本低的商品，然后不同国家间进行商品交换，可以促进资源合理配置和各国绝对优势产业的发展。大卫·李嘉图的比较成本理论认为，各国按比较成本（或相对成本）进行国际分工，即专业化生产成本比较低的商品，促进资源合理配置，推动其比较优势产业的发展。日本经济学家筱原三代平的动态比较成本学说论认为，产品的比较成本是可以转化的，从某一时点看在国际贸易中处于劣势的产业，从发展的眼光看却有可能转化为优势产业。因此，对那些潜力巨大且对国民经济有重大意义的产业，不但不应放弃其发展，而且更要扶持其发展，使之成为具有比较优势的出口产业。从上述理论可以看出，特色产业的发展是以区域分工为基础，在生产成本方面具有一定优势。

产业的发展具有典型的布局指向或对区位的选择应遵循一定标准，运输成本、市场份额、聚集效益等均是影响产业布局的关键因素。通常而言，产业布局的指向性主要有如下几类：一是原料地指向，即产业部门应布局在原料丰富的地区，如采掘业及农业，该类产业制成品重量小于原料重量，在原料地布局能够大大节约运费。二是能源地指向，产业部门布局在能源丰富的地区，高耗能企业主要采用这种布局方式。三是市场地指向，产业部门布局在消费市场附近。四是劳动力指向，产业部门应布局在劳动力数量多的地区，如纺织等劳动密集型企业。五是资本指向，产业部门应布局在资本雄厚的地区，如现代加工制造业等资本密集型企业。六是技术指向，产业部门应布局在技术发达的地区，如高新技术企业等。七是国家宏观政策指向，产业部门只能布局在那些宏观政策允许或支持的地区，如环境污染严重的部门不能布局在环境质量要求较高的地区。政府也可通过改善区位条件、增加区位补助金和区位限制条件等手段吸引、诱导或改变个人或企业的区位投资。八是聚集指向，同类企业集聚在一起相互竞争，不仅可以刺激技术进步，降低成本，还可以通过专业化分工获得规模经济。

---

[1] 马克思. 资本论：第1卷. 北京：人民出版社，1975：392.

2. 特色产业的内涵和特征

尽管目前对特色产业缺乏权威的定义，但特色产业在内涵上必须把握以下三点：一是必须以特色资源为基础，这种资源包括自然资源和人文资源，必须是区域特有的，其他地区无法通过其他生产方式进行替代。二是以独特生产技术和工艺、市场流程和管理组织方式等为支撑。三是具有一定的集聚效应，有一定数量的企业从事该行业的生产和经营。根据特色产业内涵的解释①，特色产业一般具有如下特征：

第一，特色产业具有地域性。特色产业的发展总是依附于特定的区域范围，离开特定区域，特色产业将失去存在和发展的基础。如藏区的农畜产品很多是内地没有的，藏区的宗教文化以及自然景观也是绝无仅有的，其他地区难以仿制。而诸如汽车制造、化工、饮料制造等产业在很多地方都能布局，也缺乏明显的地域特征，因而不能成为特色产业。

第二，特色产业具有优势性。由于特色产业以区域特有的资源、独特的生产技术和组织管理方式为基础和条件，其制造或提供的产品和服务与同类产品和服务相比具有显著的品质差异或具有不可替代性，能够满足人们的特殊需求，因而特色产业具有市场独占性和竞争性。一个产业的特色愈是突出，其市场独占性和竞争性则愈强，产业的比较优势也愈大。正是由于特色产业的优势性使得特色产业能够得以存在和不断发展壮大，进而可能发展成为地区优势产业和支柱产业，形成地区特色经济。

第三，特色产业具有相对性。特色产业存在于特定的时间和空间，随着时间和空间的变化，特色产业将转化为一般性产业。从时间看，由于在一定时间内通过掌握核心技术而发展起来的产业具有一定优势和特色，但随着时间的变化，这种技术被越来越多的区域掌握，特色产业就可能变为普通产业。如二十世纪八九十年代由于电子技术的兴起和应用，DVD、传呼机等成为沿海部分地区的优势产业，但不到10年时间这些产业有的销声匿迹或者被更先进的产业取代。从空间看，一个产业对大区域是特色，而相对小区域不是特色，藏传佛

---

① 刘天平. 西藏特色产业发展战略研究 [D]. 西南财经大学硕士毕业论文，2007年.

教文化旅游产业是西藏及川滇甘青等省藏区的共有特色，是藏区共同的特色产业。所以，相对区域的不同，产业的定性就不同。

第四，特色产业具有一定的规模性。产业的形成一般要以一定的规模为基础。只有形成一定的规模，才能形成市场优势和品牌影响并得到消费者认可，从而持续推动产业发展，同时，在区域经济中占有一定比重，且能带动相关产业发展，形成产业集群。

3. 特色产业与其产业分类的对比

在产业发展实践中，经常会有特色产业、优势产业、主导产业、支柱产业和战略产业等多种分类，简要比较特色产业与其他产业分类，有助于更加准确理解特色产业发展的内涵和特征。一是优势产业。优势产业就是一地具有优于另一地的产业，或者本地一产业优于另一产业。这种优势包括绝对的优势和相对的优势，是以市场占有率作为重要衡量标准的一种产业分类方法。二是支柱产业。支柱产业是在国民经济中具有较大规模、占有份额较高、税收贡献大、就业人数占比高的产业，通常而言指产业增加值占地区生产总值比重超过5%的产业。特色产业可以发展壮大为支柱产业，也可能是弱小产业。三是主导产业。主导产业指在产业结构中处于主体性的战略地位，并能对其他产业的发展起引导和支撑作用的产业，强调的是对其他产业的带动性和关联性。四是战略产业。战略产业是指关系到整个国民经济发展的关键性产业，如基础产业、瓶颈产业、主导产业、支柱产业等都是战略产业，它们对整个国民经济的发展至关重要。特色产业一般可以成为基础产业、主导产业、支柱产业，也可以是弱小产业。因此，特色产业可以是一个地区的战略产业，但战略产业不一定是特色产业。

6.1.2 特色产业选择

1. 特色产业选择原则

区域特色产业的选择，必须遵循一定的原则。一是符合政策方向。区域特色产业的选择首先必须遵循国家的主体功能定位、国家的产业发展战略和产业政策，区域特色产业的选择和布局不能违反国家的根本原则和根本利益。二是体现比较优势。产业拥有"独有资源、独有技术、独有产品"这三方面的比较优势，这些优势元素是其他地区所不具备且不可替代、难以迁移的。这是区域特色产业选择的根本依据和原则。三是市场需求导向。特色产业发展必须符合市场需求，且具有较大的市场空间足以消化所生产的产品和服务。四是关联带动作用。特色产业必须具有较强关联带动作用，能够带动相关产业发展，进而形成分工协作的产业体系。

2. 四川藏区特色产业选择方向

依据特色产业选择原则，结合四川藏区实际，该地区应重点发展生态文化旅游产业、清洁能源产业、生态农牧业、中藏药业和文化产业。

从发挥比较优势角度看，四川藏区自然生态景观独特，民族文化底蕴丰富，具有九寨沟、黄龙、稻城、亚丁等多个国际知名旅游景区，具有发展生态文化旅游产业优势；水能资源富集，水资源总量、水能资源理论蕴藏量和可开发量在四川及全国均占有较高比例，光热资源、风能资源丰富，具有建设清洁能源产业基地的良好基础；动植物资源丰富，特产松茸、白菌、花椒、核桃、雪山大豆、牦牛、藏猪、藏鸡、藏马、藏羊等农牧产品，具有发展高原生态农牧业优势；南派藏医药历史悠久、特色鲜明，虫草、贝母等药材资源丰富，中藏医药产业发展潜力较大；藏羌民族文化、历史文化、宗教文化、高原自然生态文化等资源丰富，民俗风情古朴厚重，藏戏、音乐、舞蹈以及绘画雕塑独具特色，为文化产业发展奠定了坚实基础。

从符合政策方向角度看，在资源环境约束成为国家和各地经济发展的主要瓶颈背景下，国家加快转变经济发展方式，大力发展绿色化、低碳化、服务化产业，四川藏区生态经济区生态资源优势将进一步凸显，加快优势资源开发，大力发展旅游业、清洁能源、生态农牧业、中藏药业、文化产业等产业符合国家政策方向。

从主体功能角度看，四川藏区属于限制开发的重点生态功能区，是长江黄河上游重要水源涵养地及川滇森林及生物多样性保护与青藏高原生态屏障的重要组成部分，产业发展重点是在保护生态环境前提下，发展资源环境可承载的适宜产业。旅游、农牧业、能源、中藏药、文化等产业均属于环境污染小、经济效益好、资源可持续利用的生态产业，发展旅游业、清洁能源、生态农牧业、中藏药业、文化等产业符合其主体功能定位。

从市场需求导向角度看，随着经济社会发展、城乡居民收入水平提高，消费结构升级步伐不断加快，旅游、文化、绿色食品、医疗健康、新能源类产品成为未来消费热点，发展旅游、文化、生态农牧业、中藏药业、清洁能源等产业具有广阔的市场空间和巨大发展潜力。

从关联带动作用角度看，旅游、生态农牧业、中藏药业、文化等产业具有产业关联度高、覆盖面广、带动作用大、就业机会多、综合效益好等特点，是富民惠民的"民生产业"，将其作为特色产业培育发展，有利于带动当地农牧民脱贫增收致富，有助于提升区域开放程度、转变农牧民群众生产生活方式、促进社会发展进步，社会效益十分突出。

6.2 四川藏区特色产业发展现状及发展思路

6.2.1 四川藏区特色产业发展现状

近年来，四川藏区立足资源环境谋发展，在保护生态前提下，加快优势资源开发，加快培育生态旅游产业、清洁能源、生态农牧业、中藏药产业、文化产业等特色产业，特色产业对地方经济发展支撑作用不断增强，发展质量和效益不断提升，但同时也存在着产业规模小、水平低、生产方式落后、产品附加值低、竞争力弱等突出问题。

生态旅游产业。随着全域旅游战略的实施和机场、高速等旅游基础设施的不断改善，四川藏区生态旅游产业呈现快速发展态势，已打造形成九寨黄龙、稻城亚丁、红原草原、四姑娘山、海螺沟、康定情歌城等一批国际国内知名旅游景区和旅游品牌，旅游收入相当于地区生产总值的70%以上，支柱产业地位凸显。但仍存在着区域发展不平衡、旅游业态单一、产品开发滞后、市场拓展不足、服务管理落后、交通条件掣肘、投入资金不足等问题，制约了生态旅游业进一步发展。

清洁能源产业。四川藏区是国家"西电东送"的重要水电基地，随着金沙江、雅砻江、大渡河"三江"水电基地建设加快，初步形成阿坝东部、阿坝北部、甘孜中东部、甘孜南部等水电集群，泸定、长河坝、黄金坪、双江口、绰斯甲等大型水电项目相继建成投产，太阳能发电站、高原风电和高温地热发电试验示范项目建设加快。但目前宏观经济环境趋紧、电力需求下降、能源投资放缓、环评压力增大、输出通道建设滞后等不利因素，清洁能源产业发展制约愈发突出。

生态农牧业。四川藏区农牧业资源独特，立体气候明显，日照充足，昼夜温差大，农作物种类繁多，近年来在稳定粮食生产的基础上，农业结构调整进一步加快，生态特色高效农牧业发展取得明显成效，高原特色畜牧业基地、优质水果基地、反季节蔬菜基地以及食用菌、花椒、核桃等特色农副产品基地初见雏形。但是，农牧业发展相对内地仍然缓慢，基础设施建设严重滞后，生产方式落后，生产效率低下，产业形态单一，产品附加值低，集约化规模化不足，抗市场风险能力弱，农牧业发展亟待转型升级。

中藏医药产业。四川藏区具有名贵高原道地药材和南派藏医药传承地的独特优势，近年来中藏医药产业化发展步伐加快，已初步形成了中藏药材种植、中藏药新药研发、成药生产、中藏医药诊疗、藏医药文化保护等要素在内的中藏医药产业发展雏形。但当前中藏医药产业发展无论是速度还是规模都不尽如人意，产业基础薄弱、市场意识淡薄、生产水平低下、质量可控性低、研发投入不足、医药人才缺乏等问题突出。

文化产业。近年来四川藏区文化产业发展势头良好，文化产业与旅游业进一步融合，九寨沟、松潘古城、汶川映秀东村等一大批文化产业园建设加快，藏羌织绣、唐卡、藏香、藏族祥巴（版画）、根艺石刻等民族手工艺技艺的传承和开发能力增强，乐舞、藏戏、曲子等文化演艺持续升温，国内外文化交流日益频繁。但文化资源转化率偏低、文化产业规模小、区域发展不平衡、市场拓展能力不强、人才匮乏等问题仍然突出，制约着文化产业进一步发展。

6.2.2 四川藏区特色产业发展制约因素

由于四川藏区特殊的自然地理条件、历史文化背景,特色产业发展仍面临基础设施、资源环境、思想观念、市场培育、开放程度、人才技术等诸多因素制约。

1. 基础设施建设滞后

基础设施建设滞后是四川藏区特色产业发展的最大制约因素。一是交通基础设施建设滞后,高效、快捷的立体交通体系尚未形成,产品运输距离和时间长,物流成本远高于其他地区;尤其是部分地区交通通行能力较差,极大制约了旅游业发展。二是农田水利设施建设滞后,农牧业生产仍未摆脱"靠天吃饭"的格局,农牧业生产条件较差,综合生产能力较低。三是电网建设滞后,部分地区用电保障能力较差,难以满足特色资源开发需要。四是信息网络基础设施落后,信息化水平较低,信息技术与特色产业结合程度较低。五是城镇基础设施薄弱,供排水设施和污水、垃圾处理设施缺乏,产业发展承载能力较弱。六是旅游基础设施建设滞后,大多数景区处于原始状态,已开发景区配套设施滞后。

2. 市场发育程度较低

四川藏区地理区位偏远,远离区域经济中心,长期处于封闭或半封闭状态,经济社会发展落后,市场体系不完善,资金、劳动力、技术等要素市场发展严重滞后,抑制了生产要素的流动与合理配置。市场主体缺乏,在全省21个市州中,甘孜和阿坝的企业数量分别居倒数第二和倒数第一。市场对资源配置的决定性作用发挥仍不充分,政企不分、政资不分的现象依然存在。

3. 资源环境约束明显

四川藏区地处长江、黄河源区,是国家重点生态功能区,生态环境脆弱,环境容量十分有限,产业发展受到严格限制。该地区海拔高,对生产工艺和技术要求较高;自然灾害频发,地势高亢险峻,山高谷深坡陡,可开发建设用地分布零散且非常有限,适宜产业开发的用地十分紧缺,在产业布局方面受到的刚性约束较强。

4. 人才和技术较短缺

四川藏区工作环境恶劣,生活条件艰苦,工作任务繁重,工资收入偏低,人才"引不进""留不住"等现象十分突出,专业技术紧缺人才缺乏,严重制约区域特色产业发展壮大。同时,川西北地区科技创新能力不足、科研力量薄弱、整合资源不够;缺乏核心关键技术,拥有自主知识产权的企业和产品很少;攻克关键技术和科技成果转化、产业化发展的力度弱,这些都是制约川西北特色产业发展的关键因素。

6.2.3 四川藏区特色产业发展的基本思路

1. 保护优先,绿色发展

四川藏区整体属于国家级重点生态功能区,也是旅游、水能等资源高度富集地区,提供生态产品和生态服务是国家对其的首要要求,加快优势资源开发、发展特色优势产业是该地区提高发展能力和脱贫致富的现实要求,开发与保护的确存在一定矛盾。但实践证明,过度强调原始生态保护而不发展当地经济,必将陷入生态破坏与区域贫困的恶性循环。因此,四川藏区的特色产业发展,必须正确处理开发与保护的关系,树立"绿色青山就是金山银山"的理念,将保护生态和促进产业发展有机结合起来,坚持走绿色低碳发展道路,在保护生态环境前提下有选择的点状开发具有比较优势的特色资源,大力发展生态经济和生态产业,促进生态资源产业化和产业发展生态化,加快构建具有区域特色的生态产业体系,实现生态产业发展与生态环境保护相互促进、良性互动。

2. 资源整合，产业联动

四川藏区特色资源众多，要发挥后发优势，系统规划资源开发，促进产业关联互动，发挥产业发展协同效应，全面提高资源开发和产业发展的综合经济和生态效益。强化旅游产业对三次产业的引领作用，促进农（牧）旅互动、文旅融合，带动加工业和服务业加快发展；促进工农联动，以农畜产品加工带动种养基地建设，以规模化种养殖支撑加工业发展；强化服务对一、二产业支撑作用，加快完善新型农业社会化服务体系，围绕资源开发加快发展生产性服务业。促进交通枢纽与三次产业紧密融合，依托交通枢纽完善和提升特色农产品加工及物流、旅游服务等产业功能。

3. 深度开发，链式发展

四川藏区具有丰富的农产品和矿产资源，但长期以来，主要以卖原材料为主，产品深加工程度不够，产业链条短，附加值低，应把优势资源深度开发作为产业发展重点，做大做强一批特色产业链。一是要加强牦牛、青稞、荞麦、特色水果等特色农产品资源深度开发，全方位开发牦牛毛、皮、肉、奶、骨，培育壮大"牦牛经济"，积极开发青稞、荞麦系列保健食品。二是实施电矿联动发展战略，提升稀土、锂矿等战略资源开发水平，推动矿产粗加工向新材料、新能源环节开发，做大新材料、新能源产业链，促进电力资源就地转化。

4. 信息带动，创新发展

信息技术能改变传统的地缘关系，改造传统产业发展方式，催生新的产业形态，是四川藏区产业发展实现后发赶超的必然选择。抓住新一代信息技术发展带来的机遇，积极推进信息技术在三次产业的应用、渗透和融合。大力发展智慧农业，推进现代农业示范园区信息化建设，推广智能灌溉、智能施肥与智能温控等自动控制技术，积极搭建农副土特产品电子商务平台，开展农产品溯源系统建设，建设农业信息服务平台。积极推动工业企业生产装备智能化和生产过程自动化，推广建立企业管理信息系统，提高工业信息化水平。积极推进旅游与信息技术深入融合，大力发展智慧旅游，加强智慧景区建设，积极推广"分享经济"模式。

5. 夯实基础，提升品牌

着力破除基础设施对产业发展的制约，突出交通、水利、信息等基础设施建设，有效解决可进入性差、运输距离长、运输成本高、生产方式落后等问题，更好的融入区域经济一体化发展和更广泛的推广先进生产技术和生产方式，有效聚集各类生产要素加快向该区域聚集，为特色资源开发和产业发展奠定基础。围绕扩大产品效率，实施品牌提升战略，主打高端、生态、文化、民族等品牌，加大区域品牌建设力度，积极推广名、优、特产品，不断扩大产业品牌和产品品牌知名度。

6. 优势互补，借力发展

四川藏区在一定区域范围内资源环境禀赋相似，产业同构化问题突出，同时与内地比较在区位、市场等方面处于明显劣势，尤其是受到自然环境制约十分明显，必须打破区位宿命，借力发展。一方面，在区域范围内，要突出区域比较优势，强化区域分工协作，建立产业发展的协调和引导机制，调整优化各县产业发展重点，引导各县形成各具特色的产业体系。另一方面，要跳出区域谋划区域产业发展，加强跨区域产业合作，推动区域性特色农产品品牌建设，推进跨区域旅游市场一体化发展，加强区域性产业园区建设，探索跨区域产业合作利益共享机制，构建协同配合的产业发展格局。

7. 点状开发，集中布局

根据四川藏区主体功能定位，立足区域资源环境承载能力，坚持有所为、有所不为，引导生产要素向重点优势区域集聚，增强重点区域对经济区产业发展带动作用。坚持走大项目、大基地的产业发展路子，在资源条件相对较好的区域科学规划和布局优势资源集中开发区和加工区等产业集聚区，着力提升各类产业集聚区综合配套功能和承载能力，引导企业向集聚区集中，增强产业集聚区集聚效应。大力推进跨经济区、经济区内部跨县产业合作，大力发展"飞地"经济，完善利益分享机制，加快飞地园区建设，加快推进优势资源异地转化，提高资源综合利用水平。

8. 民生导向，产业富民

四川藏区整体属于集中连片扶贫区域，贫困问题集中突出，同步小康难度较大，关键原因在于区域经济发展滞后，缺乏产业支撑，就业机会不多，群众增收致富渠道不畅。四川藏区产业发展必须要以改善民生为导向，实施产业富民战略，将产业发展、改善民生、精准扶贫紧密结合起来，大力发展就业带动作用明显、增收作用明显的旅游、特色农牧业等产业，完善资源地群众参与水电等优势资源开发的体制机制，鼓励和引导群众积极参与资源开发和产业发展，最大限度的发挥产业发展对群众增收致富、区域扶贫攻坚的带动作用。

9. 政府引导，市场主导

四川藏区经济社会发育程度较低，市场化水平和开放程度不高，市场主体缺乏，通过市场机制配资的资源要素能力薄弱，完全依靠市场机制加快特色产业发展难度较大，因此必须通过政府引导与市场主导相结合的方式加快特色产业发展。一方面，应发挥政府在准入政策制定、规划布局引导、财政资金扶持、产业平台建设、维护公平竞争、保护投资者利益等方面的积极作用，引导市场主体加大对该地区资源开发和产业发展的投入力度；另一方面，要遵循市场经济规律，充分发挥市场机制在资源配置中的决定性作用，培育壮大市场主体，通过市场化方式，高起点、高水平开发特色资源。

6.3 四川藏区重点特色产业的发展路径

6.3.1 旅游产业转型升级

旅游产业是四川藏区最具优势、最具发展潜力和最具辐射带动作用的特色产业,应将其作为该区域优先发展的产业,实施全域旅游战略,着力打造世界级旅游文化目的地,更好发挥其在促进区域发展、富民增收、生态建设、城乡协调、对外开放、民族团结等方面的引领带动作用,以旅游业发展助推区域跨越发展。

1. 四川藏区生态旅游产业发展的基本态势

一是旅游产业规模不断扩大。近年来,四川藏区把全域旅游作为加快区域旅游发展的重要抓手,从软硬件方面加大旅游投入力度,有力促进了旅游产业发展。2011~2016年,四川藏区接待游客人数由1913.5万人次增长到5092.79万人次,增长1.66倍;实现旅游收入由2011年的154.11亿元增长到2016年的454.6亿元,增长1.95倍(见表5-1)。

表5-1　　　　　四川藏区2011~2016年旅游收入基本情况

地区	游客人数（万人次）		旅游收入（亿元）	
	2011年	2016年	2011年	2016年
阿坝州	1464	3761.47	124	318.4
甘孜州	440	1300.32	29.7	133.74
木里县	9.5	31	0.41	2.46
四川藏区	1913.5	5092.79	154.11	454.6

数据来源:根据历年阿坝州、甘孜州和木里县统计公报整理。

二是旅游产业带动作用显著增强。当前,旅游产业已经成为四川藏区增长潜力最大、贡献最为明显的产业之一。一是旅游对地区经济增长的带动十分明显,旅游收入与地区生产总值比值从2011年的45.3%提高到2016年的89.6%,旅游成为推动地区经济增长的重要动力。以旅游产业相对发达的阿坝州为例,2016年全州旅游及相关产业对经济增长的贡献率达到40%,九寨沟县更是达到了60%以上。二是旅游对民生的带动作用十分明显。随着旅游的发展,越来越多的当地群众投入到旅游服务行业,旅游业成为居民就业和增收的主要渠道。以阿坝州为例,2016年全州62.26万就业人口中,就有44.4万多人从事旅游服务行业,其中直接从事旅游服务行业的人达到7.4万余人。三是旅游对城乡建设的带动效应明显。通过旅游业发展,有效带动了特色旅游城镇发展,各种公共服务、基础设施也日趋完善。

三是旅游可进入性逐步加强。交通不便是四川藏区旅游发展的最大制约因素,尤其是甘孜、木里藏区至今缺乏高等级公路,且藏区普遍面临地质灾害风险,可进入性较差,影响了旅游资源开发进程。随着中国交通格局呈现网络化和高速化发展、多种交通模式无缝连接的趋势,四川藏区将以大交通建设融入国家快速交通网络。目前,四川藏区已经投入运营九黄、康定、亚丁、红原4个机场,甘孜机场即将投入运营,国道318、317线改造工程也即将完成,汶九高速、雅康高速等藏区高速公路建设正在加快推进。未来十年,四川藏区将新建直达西藏、青海、甘肃的铁路,改变四川藏区没有铁路的历史,川藏、川青、成兰铁路将从西部、西北部、东北部三个方向彻底改变四川藏区的交通状况。川藏、川青、汶九等高速公路也将有机融入全国高速公路网络。未来四川藏区将形成覆盖整个藏区,连通滇、甘等周边省区的航空、铁路、公路立体交通网络体系,大大提高四川藏区旅游的可进入性和通达性。

四是全域旅游成为旅游发展的主要模式。全域旅游是指以旅游业为核心产业,通过对区域内经济社会资源,尤其是旅游资源、相关产业、生态环境、公共服务、体制机制、政策法规、文明素质等进行全方位、系统化的优化提升,以旅游业带动和促进经济社会协调发展的一种新的区域协调发展理念和模式。近年来,四川藏区践行全域旅游发展理念,将旅游发展作为推动经济社会转型的重要突破口,围绕旅游产业发展推进城乡建设、生态治理、公共服务、劳动力就业培训、民族文化保护与传承、农牧业等相关领域发展,促进了旅游与经济社会发展其他领域的深度融合,有效带动了藏区经济社会的发展。

2. 四川藏区旅游发展存在的突出问题

(1)客源市场结构单一。海外市场是高品质旅游产业发展的重要客源市场。目前,四川藏区游客以国内游客为主,客源市场主要来自四川、北京、上海、重庆、广东等省(市),国外游客市场份额较低,对四川藏区旅游收入的增加和旅游知名度的提升限制很大。

(2) 旅游产业品质不高。尽管四川藏区具有世界级的旅游和文化资源，但旅游产品的开发与资源匹配程度不协调，旅游发展仍然处于"门票经济"阶段，主要景区的产品业态基本上限于休闲观光、度假、乡村旅游，旅游与文化产业的深度融合程度还较低，相当一部分景区景点开发处于原始状态，配套实施建设严重滞后，即便是知名景区，但其整体素质包括软硬件条件很难与国内外一流景区竞争。同时，部分热点景区在旅游旺季人满为患，严重影响观光体验。随着国内外旅游产业竞争的加剧和消费需求的升级，其业态的附加值逐渐降低。而依托现有旅游资源、开发附加值较高的旅游业态、发展特色旅游在四川藏区尚处于起步状态。

(3) 旅游从业人员素质不高。旅游从业人员的素质直接影响到旅游服务的质量，最终影响旅游收入和旅游业的可持续发展。从目前来看，由于用于旅游开发的投入不足，使得许多旅游服务质量跟不上，包括旅游景区管理、饭店管理和导游人员在内的旅游从业人员，普遍存在着业务素质不高的问题，缺乏服务意识，欺客、宰客的旅游乱象时有发生。行业服务质量整体较差，旅游市场的经营无序状态，使游客的安全和权益没有保障，整个旅游业的形象遭到破坏。

(4) 居民普遍增收慢。四川藏区地域辽阔，各地资源禀赋不同，地理区位各异，基础条件不一，发展不均衡。尽管近年来，四川藏区旅游市场的全面发展、旅游可进入条件的改善，旅游业成为城乡群众增收的重要支点，一部分居民的生活得到改善。但是农牧民的年均收入增长额大大低于城市，更低于省内相对发达的地区，旅游发展的经济社会效益没有得到充分的发挥。居民增收慢，积极性偏低，成为制约四川藏区，特别是边远乡村旅游发展的重要因素。

(5) 旅游业内部结构失衡。从四川藏区产业结构看：食、住、行、游、购、娱六个行业发展不平衡、不协调、不配套，购物和娱乐一直是突出的薄弱环节，导致全产业对景点收入的过度依赖，使整个旅游业的发展水平降档；从产品结构看：虽然已经形成一批比较成熟、具有国内外影响的观光产品，但是在市场上已经成熟，并成为潮流的度假、专项、特种旅游产品在四川藏区还刚刚兴起。现有旅游产品的种类、规模、品质与丰富多彩的旅游资源不相称，与国内外多样化的市场需求不适应；从企业结构上看，虽然有了一批中高档饭店和部分骨干旅行社，但旅游企业总体上处于"小、散、弱、差"的状态，尚未形成有竞争力的名牌旅游企业，相当多的旅游企业经济效益不理想。

（6）自然灾害对旅游产业发展威胁较大。四川藏区青藏高原与四川盆地过渡地带，高坡陡、河谷深切、岩性破碎，地震断裂带密集，地质结构极不稳定，历来是地质灾害的多发区，给游客出行安全造成较大威胁。2008年以来，"5·12"汶川特大地震、"4·20"芦山强烈地震和九寨沟7.0级地震，均对四川藏区旅游产业发展造成了严重冲击。尤其是九寨沟7.0级地震对九寨沟景区造成较大破坏，自然景观是经过长时期自然作用形成的，一旦遭受破坏短期内难以恢复，即便可以通过人为修复也需要一定的时间。同时，由于近年来四川藏区连续多次发生震级较高的地震和破坏力较强的地质灾害，将加重游客四川藏区旅游和投资的担忧。

3. 四川藏区旅游文化产业转型发展的重点任务

（1）实施全域旅游发展战略。全域旅游是以旅游为先导和主线，实现城乡统筹、区域互动、产业联动的发展模式，能最大限度发挥旅游业对经济社会发展的引领带动作用。要按照"产业全域覆盖、景区全域联动、产品全域优化、线路全域统筹、品牌全域整合、市场全域营销"的理念，积极推动全域旅游发展战略。一是要坚持旅游优先发展，城乡建设、基础设施建设、公共服务设施建设、农牧业发展、国土资源利用等规划和项目要充分考虑全域旅游发展，服务全域旅游发展。二是要坚持全域景区打造，优化空间布局，打破区域限制，让所有景区和旅游线路联动发展、错位发展，突出特色、优势互补，提升旅游产品，延伸产业链条。三是要坚持全时多元发展，促进观光、体验、文化相结合，形成"春赏花、夏避暑、秋观叶、冬滑雪"的四季旅游市场。四是坚持全域营销，以"中国最美藏区"整体品牌统领区域旅游形象，以分品牌突出地域特色，组成互为呼应、各具特色、丰富多彩的旅游形象。

（2）实施高端精品发展战略。从旅游发展相对成熟区域经验来看，走大众旅游发展道路必然导致资源环境压力增大，传统文化受到商业化冲击，经济价值、社会价值、生态价值等均难以实现效益最大化。四川藏区具有世界级的旅游文化资源，但也面临很强的资源环境约束，必须转变旅游发展方式，推动旅游可持续发展。一是坚持保护优先，正确处理开发与保护、传统与现代关系，把保护生态和传统文化放在旅游开发的重要地位，在保护生态和传统文化基础上开发旅游资源，避免过度规模化开发和商业化开发，对于部分热点景区可以通过限制访客数量方式引导游客向区内其他景区转移，尽量保持原生态。二是坚持高端开发，在发展观光游基础上，重点针对中高端客户深度开发文化体验、生态观光、休闲度假、山地探险、户外运动、科学考察、健康养生、会议展览、婚庆影视等特色精品旅游产品，提高旅游开发建设的准入门槛，在减少人为因素对生态环境影响的同时最大限度地获取经济效益。三是推动旅游产业发展由量的扩张向质的提升的转变。适度控制旅游人次和规模，实现旅游业与生态的良性互动，推动观光旅游向休闲、体验、度假旅游转变，开发娱乐性、知识性和参与性为一体的多样化的旅游项目，加快提升旅游品质。

（3）实施基础设施先行战略。交通、景区建设滞后是四川藏区旅游发展的最大制约因素，旅游大发展基础要先行。一是重点推进交通建设，围绕外部畅通快捷、内部成环成网的要求，突出抓好以高速公路、国道、省道构成的旅游主干线公路，加强旅游景区与干线公路连接线建设，推动景区互联互通；发挥航空高效、快捷特点，加强甘孜格萨尔等新机场建设，提高现有机场运营管理水平，开辟主要城市和周边省区重点景区新航线，促进区域内机场联航。二是加强景区基础设施建设，高标准推进旅游景区游客中心、道路、电力、供水、环保、通信、门禁系统、厕所、观景台等基础设施建设，配套完善购物、娱乐、医疗、救援等服务设施；顺应自驾游加快发展趋势，加强景区周边和旅游公路沿线汽车旅馆、自驾游营地、新能源汽车充电站（桩）、加油站等配套设施建设。三是大力推进旅游信息化建设，加强智慧景区建设，实现全域通信网络全覆盖和县城、重点旅游集镇、主要景区无线网络全覆盖，借助旅游电子商务平台扩大宣传和营销。

（4）实施旅游村镇提升战略。加强旅游村镇建设是提高旅游接待服务能力、改善群众生产生活条件、促进居民增收致富和城乡协调发展的重要途径。要充分发挥旅游业对城镇化和新农村建设的带动作用，着力打造一批特色鲜明、配套完善、宜旅宜居宜业的旅游城镇和特色旅游村寨。一是加大特色旅游城镇建设力度，重点打造旅游公路沿线、景区周边重点城镇，突出城镇建设文化内涵，布局完善公共服务设施和商贸网点，加强城镇景观环境建设，提高城市品位，形成山水相间、城景交融、特色鲜明的高原生态文化旅游城镇风貌。二是结合新农村和扶贫开发，加快旅游新村和乡村旅游综合体建设，大力发展精品乡村酒店，引导农牧民成立旅游专业合作社，鼓励农（牧、藏）家乐业主推出特色文化展示、民俗体验等旅游项目，推动乡村旅游高水平发展。

（5）实施旅游创新发展战略。通过创新发展模式、经营模式和管理模式，推动旅游转型升级。一是创新发展模式，借鉴国际旅游发展主流经验，依托机场开发"飞机＋团队游""飞机＋租车自驾游"等旅游方式，大力发展游客自订旅游行程、自选住宿、餐饮、租车、导游、购物、门票、接送机等服务的"私人订制"式旅游方式，开发上网预订饭店、门票等各种旅游产品。二是创新经营模式，全面推行景区所有权、管理权和开发经营权分离，设立藏区旅游产业发展投资基金和专业化旅游投资公司，引导社会资本参与旅游资源开发，通过PPP模式推进景区基础设施建设，提高旅游管理运营市场化水平。三是创新景区管理模式，参考国家公园管理体制加强景区管理，推进贡嘎山、稻城亚丁、海子山、九寨黄龙等景区开展国家公园建设试点，促进景区可持续发展。

（6）实施人才兴旅战略。以挂职锻炼、选派学习、援助培训等多种方式加强对旅游从业人员培训，不断提高旅游管理人员和服务人员素质。加强在旅游经营管理、景区讲解员、烹饪、乡村旅游、接待服务等实用技能的培训。组建阿坝旅游培训中心，建立旅游教育培训的基础设施和体系，实现旅游人才培训本土化和常态化。引进国际标准化认证体系，根据各类旅游人才的不同特点，分级分类研究制定并推广旅游人才能力建设标准框架，引入职业认证和资格准入制度，以标准化和职业化为目标加大人力资源的开发，提高四川藏区旅游从业人员持证上岗率。全方位引进旅游人才，重点引进旅游资源规划与开发、旅游电子商务、旅游商品设计与开发等方面的人才，吸纳先进理念和管理方法。培育发展旅游人才市场，建立旅游人才交流中心、导游服务中心，培育专门的旅游企业职业经理人市场和导游人才市场，促进旅游人才合理流动。

（7）实施文旅融合战略。旅游是载体、文化是灵魂，四川藏区是藏、羌、彝等多民族集聚区，民族文化资源丰富，文化产业发展具有巨大潜力。但目前，文化资源开发程度较低，文化旅游资源整合水平不高，旅游品质未得到有效提升，文化产业发展缺乏载体支撑，应抓住国家推动文化大发展大繁荣机遇，充分发挥民族文化风格独特、底蕴深厚的优势，大力发展特色民族文化产业，打造特色民族文化品牌，壮大文化产业集群，推动文化与旅游融合。一是要加强文化产业基地建设。依托国家藏羌彝文化产业走廊建设，推动建成一批重点特色文化产业园区和基地，吸引和引导文化企业入园，推动文化产业企业集聚发展；发挥多姿多彩的自然风光和民族风情，加快推进高原影视拍摄基地、婚纱摄影基地、演艺娱乐等基地建设；深入挖掘民族手工技艺，结合旅游产品开发，加快打造一批羌绣、唐卡、陶艺、旅游食品等旅游商品开发基地和园区。二是加快开发文化旅游产品。深度开发文化旅游精品线路，推进藏羌彝文化走廊建设，规划红色文化、宗教朝拜、抗震救灾文化、历史文化遗产、雪山草地风情等特色文化旅游线路，推动旅游与文化互动发展；加大旅游商品开发力度，深度挖掘非物质文化遗产和传统手工艺，积极开发藏羌织绣、藏香、根雕、藏药、唐卡、彩绘石刻、牛羊毛绒编织品、民间旋木工艺品、青稞酒、藏族服饰、药泥面具等旅游商品和纪念品；加快发展演艺娱乐产业，依托重点景区开展常年驻场演出，开发精品品牌节目。

6.3.2　水风光能互补开发综合清洁能源基地建设

随着世界各国对环境保护的日益加强，清洁能源的推广应用已成必然趋势。尽管当前国内外经济增速放缓，对能源的消费需求较少，但为实现中国政府承诺大幅减少温室气体排放的目标，解决日益严峻的大气污染和雾霾等问题，发展可再生能源和新能源等清洁能源将成为我国能源产业结构调整的重点。四川藏区水电、太阳能和风能资源在全国具有比较优势，是国家规划建设的综合性清洁能源基地，应从更加长远的发展趋势来审视该地区能源发展问题，推动水风光互补开发，进一步加快四川藏区清洁能源资源开发进程。

1. 水风光能资源概况

四川藏区拥有丰富的水能、风能和太阳能资源，具有综合开发的资源优势。一是水资源径流量大，落差大，水能蕴藏丰富。四川藏区主要河流径流量大，落差很大，是天然的水电开发区域。如目前开发程度较高的雅砻江流域径流量较大，约为黄河的1.1倍；上下游落差大，天然落差达3830米，两河口以下落差达1700米。四川藏区拥有丰富的水能资源，仅金沙江、雅砻江、大渡河和岷江水系便集中了全省80%以上的水能资源，水电可开发量占据全省的半壁江山。二是风速快，风能资源较好。受四川省地形及环流特点影响，四川藏区是四川风能资源主要集中地，根据气象站和测风塔风资源观测数据分析结果来看，四川藏区风能资源主要位于雅砻江河谷区域和海拔2500米以上的高海拔山区，平均风速大多在6m/s以上，风能资源等级多为2级，具备较大开发价值。三是辐射强烈，日照长，光电资源丰富。四川省太阳能资源最丰富的地区年总辐射量达每平方米6000兆焦以上，年日照时数在2400～2600小时，主要地区包括石渠、德格、甘孜、理塘、稻城、攀枝花、西昌、盐源、阿坝、红原等；太阳能较丰富的地区年总辐射量基本在每平方米5000兆焦以上，大部分地区年日照时数在1800小时以上，全区覆盖面较大，主要地区包括色达、康定、雅江、若尔盖等藏区县，具有较大的太阳能开发价值。

2. 水风光多能互补的机理

四川藏区的水电、风电和光电出力在季节上和日间上具有显著的互补性，协同开发、联合运行、优势互补既可以有效弥补水电每年枯期出力不足，也可以很好调节风电、光电的波动性和间隙性，提高风电、光电质量和利用效率，提高电力输出质量，更好满足电力负荷要求。从季节性互补看，风电和水电各月出力均呈明显的"一峰一谷"形式，风电的"峰""谷"恰好与水电的"谷""峰"在时间上对应，风和水之间的季节性互补关系明显。光电的各月出力差异较小，但也呈现与水电互补的关系。从日间性互补来看，水电的日内波动较小，风电和光电的日内波动性较大。光伏电站出力集中在9：00～16：00，晚上出力为0，风电出力在下午和夜间较大，在9：00～14：00较小，因而光电和风电的日内出力存在一定的互补性。从天气性互补看，水电受短期天气变化影响较小，在电站、水库的调节下，受中期天气的影响也相对较小。而风电和光电均受短期天气影响较大，阴雨天气时光伏电站基本不能出力，静风天气时风电场也基本不能发电。水电对风电和光电具有显著的天气性互补作用。

3. 四川藏区水风光能互补开发的重要意义

一是符合国家能源发展战略，促进清洁能源快速开发和有效利用。在四川藏区水能资源大规模开发利用的基础上，打造风光水互补清洁能源示范基地，有利于风能和太阳能资源的快速开发，有利于风光水资源的整合和实时集中控制与调度，提高风电和光电的质量与利用效率，克服风电和光电存在的技术性弱点，是国家能源发展战略的内在要求，对于发展清洁能源和优化我国能源结构具有重要意义。

二是具有创新示范和带动作用，推动全球清洁能源开发模式创新。打造四川藏区风光水互补清洁能源示范基地，在目前全国"就近接入、就地消纳"和"基地开发、风火打捆"的基础上，探索新型的可再生能源协同开发模式，对解决风电和光电送出和消纳难题具有示范作用，对提高清洁能源占比具有重要意义，将为国家能源结构向绿色低碳转型注入新的活力，是推动全球清洁能源开发模式创新的有益探索。

三是为经济发展注入新动力，助推四川藏区脱贫攻坚和全面小康。四川藏区的水电、风电、太阳能开发预计投资超过万亿元规模，有助于化解我国风电和光伏制造业产能过剩，促进制造业转型发展。同时，将为地方带来数千乃至万亿元投资，带动民族地区税收和就业增长，为经济发展注入新的动力，促进民族地区脱贫攻坚，全面建成小康社会。

四是促进西电东送电源结构优化，有利于提高电网通道利用效率。四川藏区实现风光水互补开发后，多种清洁能源打捆送出，风光水联合运行后的最大月出力和最小月出力比值将呈显著降低，将大大有利于电网调度。风光水联合运行后，原有送出通道的利用率将不同程度提高，尤其是枯期的利用率将明显提高，有效改善输电线路的经济性。

4. 四川藏区水风光能互补开发面临的问题

一是风光发电企业与水电企业之间的利益协调问题。由于风电和光电成本较高，国家通过可再生能源发展基金予以补贴，2016年四川的风电上网电价为 0.61 元/千瓦，光电为 0.88 元/千瓦，水电为 0.308~0.39 元/千瓦。基地建成后，风光水电均通过同一电网输送和销售，由于上网电价存在较大差异，将面临三种电力企业利益的协调问题。尤其是光伏只能白天发电，夜间发电空缺须通过水电弥补，而夜间低谷时段水电的价格相对较低，不利于调动水电企业夜间发电弥补光电空缺的积极性。此外，流域内存在众多规模、归属等差异较大的风、光、水电开发业主，形成不同的利益主体，缺乏统一的电力接入、送出和消纳规划，实现风、光、水电统筹开发和统一调度面临较大阻力。

二是风光水发电企业与电网企业间的利益协调问题。目前，电网公司的调度模式是各种发电企业均只管上网，电力调度则由电网负责。而风、光、水电联合运行，需要对风、光、水电进行联合调度。联合调度的可行方案是将风光电统一接入水电站，再利用水电站的送出线路接入电网，电网公司只负责调度水电站。但目前，四川藏区水电开发涉及国网、西南网和省网，层级较多，面临的电站开发业主也较多，协调好互补开发企业与电网之间的关系难度较大。此外，目前电力销售采取的是电网公司购销模式，风光电价格高，但国家给予优先上网的特殊政策，电网公司购买风光电的成本明显高于水电，而且风光电受资源情况影响供电质量明显低于水电，电网公司购买风光电积极性不高。

三是新增电力消纳与电力外送面临的问题。受宏观经济减速和产业结构调整的影响，各省用电需求增速均明显下降，全国电力过剩的情况突出，弃水、弃风、弃光现象普遍。由于缺乏不同电价和跨省输电的利益补偿机制，作为用电大省的东部省份为保证地方利益，宁可使用本地污染大、成本高的火电，也不愿从外省调入电力，尤其是价格高、不稳定的风电和光电。四川省作为水电大省，目前弃水现象严重，如果跨省不同类别的电价协调机制和利益补偿机制不能尽快建立，不仅新增水电外送难度较大，而且会使风光电外送难度更大。

四是开发时序与开发规模的优化选择问题。尽管四川藏区已经规划建设连接华中、华东地区的特高压直流输电线路，为风光水能互补和打捆外送创造了条件，但骨干线路的配网和能自动调峰的智能电网建设尚未纳入电网规划。而且基地的风光电开发规模和建设时序主要根据资源情况规划，对系统的电源结构、消纳市场、输送能力等考虑不够，发电企业、地方政府和电网公司之间缺乏统一协调，风光电开发规划与电网建设规划脱节。同时，风光电的间歇性、随机性特点明显，尤其是风电反调峰性突出，对电网调节能力要求更高。如果不协调好风光电开发规模和时序、智能电网建设等，将很可能出现有电无法外送，影响基地建设的效益。

五是现行土地政策对风光能源开发的制约问题。风光电开发均需占用大量土地，风电和光电的基本占地约 8~10 亩/万千瓦和 300~500 亩/万千瓦，由于现行土地政策不配套，项目推进面临较大困难。一是土地权属问题，四川藏区风光电站主要分布在荒山和河谷地带，涉及国有和集体土地，但部分地区集体土地未确权，风光电占用土地权属难以确定，为今后可能产生的纠纷埋下隐患。二是土地取得方式问题，尽管现行政策规定风、光电项目使用未利用土地，不占压土地、不改变地表形态的，可按原地类认定；不改变土地用途的，允许以租赁等方式取得。但现行政策规定农村集体土地不得用于非农建设，必须在政府征用变更土地性质后才能通过法律程序取得，项目建设需要付出较大的时间和资金成本。尽管目前部分项目通过流转农村集体用地发展光伏农业模式取得了成功经验，但程序上需 2/3 以上村民同意并报当地政府批准，而民族地区群众法律意识不强，大规模土地流转也存在法律风险和社会稳定风险。

5. 四川藏区水风光能互补开发的对策建议

（1）优先推进国家级水电基地建设。水电开发是多能互补开发的前提和基础，必须把水电开发放在优先位置，在保护好生态、做好移民安置工作前提下，加快水电资源开发。一是坚持流域梯级开发和区域集群开发，全力加快三江一河干流水电资源开发，建设阿坝东部、阿坝北部、甘孜中东部、甘孜南部四个水电集群。二是加快推进九龙河、东谷河、革什扎河、硕曲河等流域各梯级中型电站的开发建设，在中小流域水电开发过程中，应积极支持地方组建公司形式独立或参股水电资源开发，确保地方政府分享水电资源开发收益。三是清理规范小水电开发，从环境保护审批、环境管理、"三同时"制度落实情况、竣工验收等几方面进行专项清理整顿。

（2）打造国家级新能源基地。四川藏区风能、太阳能等资源丰富且开发条件较好，国家鼓励新能源优先上网使用，新能源开发具有广阔市场前景，具备打造国家级太阳能、风能基地的有利条件。但目前，以风电和光伏发电为代表的新能源还存在发电成本偏高，对电网调峰、调压、稳定性以及调度运行要求高等问题。因此，一方面，要加快推进太阳能、风能的规模化产业化开发，按照集中式与分布式并重、集中送出与就地消纳相结合，集中连片推进大型太阳能光伏发电基地和高原风电基地规划建设；另一方面，要积极引用新技术，努力降低新能源发电成本，同时将新能源电网纳入统一规划，大力发展智能电网和能源互联网，保证电网输送效率和电力系统稳定性。

（3）搭建留存电量交易平台。目前，国家和四川省给予四川藏区留存电量特殊政策，对促进地区经济发展尤其是产业发展起到了积极作用。但同时也要看到，该地区无法完全消耗规模较大的留存电量，尤其是在水电、风电和光伏发电项目形成一定规模后，留存电量的问题需要创新机制来解决。目前，四川藏区为解决留存电量的问题，只能引进高耗能产业实现留存电量就地转化。从现实情况来看，在国内外需求减少的情况下，这些高耗能产业给当地政府上缴的税收贡献还不如直接销售电量获取的收入，还导致较大的资源环境和节能减排压力。为使留存电量政策更好地惠及藏区，应调整现有的"一年一定，以用定留"的额度分配原则，由省政府统一搭建留存电量交易平台，允许两州直接交易富余的留存电量指标，采用市场化的方式配置电力资源，使民族地区的留存电量政策性扶持既能直接转化为地方财政收入，也能更好保护该地区生态环境。

（4）推动优先使用可再生能源。四川省是电力输出大省，四川电力供应基地的重点是包括四川藏区在内的民族地区。近年来，随着省内一批大型电站的集中投产，电力供应能力大幅提高，但国内整体电力需求增速却在降低，水电过剩情况逐步显现。同时，由于水电季节性较强，电网建设与电源点建设不同步，以及省内、跨省之间水电、火电之间价格协调机制和利益补偿机制尚未建立，水电在丰水期和枯水期均存在一定程度的弃水现象，不利于水电可持续发展。因此，应积极推动电网建设，确保民族地区发电能及时上网外送；根据电力需求持续放缓趋势，采取有保有压的措施，完善水电、风电、光伏发电、火电之间、电力输出省与使用省之间的利益协调机制，压缩火电发电规模，扩大可再生能源使用规模；积极推动电力体制改革，推动节能调度从省内扩大到全国范围，在实施"西电东送"的同时加强"南北互联"，在更大范围内实现电力的优化配置；要从支持民族地区同步小康出发，积极争取国家支持，推动民族地区可再生能源优先上网。在国家层面建立清洁能源统筹消纳保障机制，将互补能源发电视同光电、风电等可再生能源享受优先上网资格，且纳入全额保障收购范围，促进清洁能源在全国电力消费市场中统一消纳。国家在建立碳交易机制的基础上，将清洁能源减碳纳入跨省区碳交易市场，推动建立与碳排放总量控制和碳交易相协调的清洁能源绿色证书系统和交易机制，在全国范围内开展交易试点，将各地减少碳排放的需求转化为消纳清洁能源的需求，推动节能减排。

（5）制定促进风光水能互补开发的扶持政策。我国清洁能源开发的诸多政策还处于探索阶段，结合当前电力改革以及国家支持可再生能源发展的政策，应积极争取国家加快构建清洁能源互补开发方面的政策。一是水电是可再生能源，但《可再生能源法》对水电的适用政策未予明确，建议国家从法规上明确水电为可再生能源，制定能覆盖大多数水电开发成本的标杆上网电价，由全国可再生能源基金对超过燃煤标杆电价部分给予补贴。二是结合电力体制改革，在光伏、风能和水电价格体系的基础上，构建合理的互补能源电价体系，推进其积极参与电力市场竞价交易，并根据发电成本和趋势，建立电价逐年调整机制。三是创新财政支持方式，建立清洁能源互补开发发展基金。水电"十三五"规划提出设立藏区水电可持续发展基金，建议此基金给予风光水互补开发给予一定额度的支持。四是加强土地利用规划与资源开发规划的协调同步，研究制定光伏电站用地政策。对光伏电站用地不改变原有土地性质的按原有土地性质管理。在贫困地区开展的光伏项目，争取纳入国家支持精准扶贫的土地政策支持范围。

（6）加快特高压跨区域送电通道及电网建设。当前四川藏区水电已经面临严重的弃水现象，新的对外输电通道如果不能及时建设，富余电力将面临更加严峻的电力外送问题。为此，应积极争取国家进一步加强电力外送通道建设。一是争取国家支持西南特高压电网建设，将其纳入"十三五"能源规划并实施，构建水电资源调配的平台，促进清洁能源在全国范围内的优化配置。二是加强电网与电源点的同步建设，争取国家有关主管部门改革电源和送出工程核准体系，实行电源点和送出输变电工程统一规划、同步核准、同期建设、同时投运。

（7）建立风光水发供电企业的利益协调机制。鉴于国家在支持不同种类发电主体的政策差异性和不同电能的质量差异，风光水互补发电需要解决内部利益的协调问题，应该在这方面大胆探索，逐步建立风光水发供电企业的利益协调机制。一是充分考虑水电参与调频、调压、深度调峰、启停调峰时产生的经济成本，建立风光水发电企业之间的调节义务分摊机制，按照受益与负担等同的原则，发电企业从销售额中提取一定比例建立调节基金，研究出台分摊政策和管理办法，寻求不同发电企业之间的利益平衡点。二是根据国家现行对风光电上网的补贴政策，支持光伏和风能发电企业通过风光水电综合调节，提高供电质量，积极争取国家上网电量和电价补贴，内部则采取一定的利益共享机制，在企业之间进行合理的利益分配。三是通过经济手段调动电网企业支持风光水互补清洁能源发展的积极性，加快制定实施面向区域微电网的建设和系统运行成本补偿机制，补偿电网企业专项配套电网建设成本。

6.3.3 生态农牧业产业化发展

提高生态农牧业市场化、产业化水平是四川藏区农牧民增收的重要途径、维护社会和谐稳定的重要基础、保护生态环境的必然要求，必须充分发挥比较优势、克服制约因素，以市场需求为导向、农牧民增收致富为目标、现代科技为支撑，加快转变农牧业生产方式，推动农业转型发展，提高农牧业现代化水平。

1. 四川藏区农牧业发展的主要特征

（1）资源丰富且地域分布鲜明。由于四川藏区地理位置和气候环境条件的特殊性，该地区是世界上自然生态最完整、气候垂直带谱与动植物资源垂直分布最多的地区之一，因而成为特色农产品资源最为丰富的地区之一。四川藏区农业属于典型的高原农业，根据地理特征，农作物可分为高原农作物和山地农作物。高原农作物为主要分布在海拔3000米以上的高平原区域，主要农产

第6章 四川藏区特色生态产业发展研究

品有牦牛、藏羊、藏鸡等畜产品和青稞、荞麦、豌豆、马铃薯、油菜、芫根、萝卜、圆白菜等农产品。山地农作物主要分布在高山峡谷地区，尤其是河谷地带，主要农产品有特色水果、酿酒葡萄、高原油菜、反季蔬菜、中药材、食用菌、牲畜等特色农畜产品，农产品种类繁多。

（2）地位重要且影响力不断提升。农牧业在四川藏区具有重要的地位，第一产业占地区生产总值比例高达20.2%，农业人口占总人口的70%左右，农业就业人口占总结业人口的3/4左右，水果、蔬菜、食用菌等特色农经作为也成为藏区农牧民增收的重要支柱产。同时，四川藏区是四川省重点规划建设川藏高原秋淡蔬菜区，蔬菜播种面积约33万亩，产量80万吨左右，汶川、理县、茂县、康定、泸定等5个县为蔬菜主产县。藏区现有特色水果面积约20万亩，产量10万吨左右。藏区有川贝母、冬虫夏草、秦艽、羌活、党参等野生中药材2000余种，占四川省中药材品种的50%。汶川、理县、茂县、松潘等县的秋淡蔬菜，汶川、茂县、理县等县的甜樱桃，甘孜州的春油菜等，不仅品质好，且形成了一定规模，在省内市场有较大影响。以康定红、神沟九寨红等品牌为代表的藏区酿酒葡萄产业发展已具相当规模和水平，现有酿酒葡萄基地近5万亩。阿坝州高原马铃薯发展迅猛，已初步建成集中连片的优质种薯基地；甘孜州已建成全省最大的青稞良种繁育基地和生产基地。

（3）农产品品质好且市场潜力大。四川藏区具有得天独厚的自然生态环境，农产品的生产处于纯净无污染的环境，农作物和牲畜食用的牧草大多为高山雪水灌溉，四川藏区农牧民的农业生产养成了几乎不使用化肥、农药和饲料的习惯，为农产品提供了天然的绿色保障。四川藏区光照充足、昼夜温差较大，能最大限度的提高农产品的营养成分。四川藏区的农牧产品还有独特的功效，如青稞在抗拒衰老、治疗心血管疾病等具有非常明显的效果，牦牛肉以其"高蛋白、低脂肪、无污染"而享誉世界，虫草有明显增强机体免疫能力等多种功效。四川藏区农产品由于生态、安全、健康，一直广受市场欢迎。随着收入水平的提高，居民对具有绿色、安全、健康等特点的高品质农产品需求不断增加，四川藏区农产品具有的市场需求也将不断扩大。

2. 四川藏区农牧业发展存在的主要问题

（1）耕地产出能力不高。四川藏区的土地在量和质的方面均对农牧业发展形成的制约十分明显。四川藏区耕地多分布于高山峡谷地带，多为陡坡地，耕地资源十分有限，人地矛盾十分突出。尽管该区域人均耕地面积高于全国平均水平，但90%以上地区农作物为一年一熟，有82%的耕地分布在干旱贫瘠的高山峡谷地，抵抗自然灾害的能力极其微弱。同时，该地区土地质级差、零星分散且不成规模，集中成片的耕地面积平均只有3.6亩，且坡度在10度以上，水土流失严重，中低产田土的面积高达80%，主产粮食青稞亩产一直徘徊在150公斤左右，人均占有粮食仅240公斤，远远不能自给自足。

（2）草地退化严重。草地是构成四川藏区陆地生态系统和环境空间的主体，也是农牧业发展的重要载体。但由于四川藏区生态环境条件恶劣，地形地貌复杂，地质结构极不稳定，生态先天脆弱，草原生态"局部好转、整体恶化"的趋势未得到根本扭转。以甘孜州为例，仅"三化"草地就达10544万亩（板结退化7851.3万亩、鼠虫害化2522.7万亩、沙化170万亩），占可利用草地的84.3%。草地退化不仅导致产草量不断下降，而且影响植物群落结构和土壤质地的逆向演替。根据甘孜州农牧部门提供的数据，2013年是甘孜州牧草的丰产年，但平均亩产较1985年减少了29.66公斤，下降了13.6%，可食牧草比重下降了2个百分点，当年因鼠虫危害损失牧草7.65亿公斤，相当于41.9万个羊单位的年饲草量。全州天然草原理论载畜量从1985年的1492.88万个羊单位下降到2013年的1039.16万个羊单位，降低了30.4%。草地退化最严重的石渠县，"三化"面积已超过了可利用面积，60%的草地向潜沙化地演替，全县因鼠虫害造成的"黑土滩"达到440多万亩。同时，四川藏区牧民的生活来源主要依靠畜牧业，牧民只有靠增加牲畜数量来维持生计，导致畜草矛盾和牧民生存矛盾的加剧，从而出现"人增畜增→超人超畜→草原严重超负"的恶性循环。

（3）农牧业基础设施建设滞后。四川藏区耕地分布零散，坡度较大，海拔跨度较大，水土流失严重，防灾设施和灌溉设施严重缺乏，农业"靠天吃饭"现象十分普遍。牧区基础设施建设十分薄弱，截至2013年甘孜州草地灌溉面积仅为10.75万亩，占可利用草地面积的0.1%，牧道建设尚未启动；规模化抗灾保畜打贮草基地不足3万亩，标准化草地建设不足1万亩，规模养殖场（户）防疫、粪污处理、生产设施设备等严重不足，牧户生产装备条件原始落后。此外，四川藏区距离中心城市较远，生鲜农产品的运输需要便捷的通道和配套的冷链物流体系，但目前四川藏区路况较差，尤其是通村、通乡公路等级低、路况差、通行能力弱，生产、生活运输仍靠原始的人背马驮，从而影响了农产品的运输和销售，冷链物流设施在四川藏区也几乎是空白。

（4）农牧业生产方式较为落后。一是自给自足的传统观念普遍。受传统习俗和宗教信仰影响，四川藏区农牧民观念相对封闭，攀比心理、小富即安、惜杀惜售的思想严重，未雨绸缪、持续发展、积淀资本的观念淡薄。笔者走访的不少牧民都说只要"够吃够用""不欠账"就行了，发展愿望不强，也不愿自觉出售牲畜，"长寿畜"和"放生畜"的比重高达50%~60%。二是农牧民改变传统生产方式的积极性不高。四川藏区畜牧业生产仍处于沿袭逐水草而居的阶段，靠天养畜、自给自足的生产模式，农牧业组织化程度低。尤其是牲畜作价归户、私有私养后，绝大部分牧户缺乏生产计划，也无改变现有生产方式的想法，对推进现代家庭牧场试点示范、组建养殖营销合作社、走适度规模养殖的效益型畜牧业发展之路认识不足，对推行草场确权承包、草场流转、施行以草定畜、草畜平衡、科学出栏的主动性不强。三是牲畜出栏出售"瓶颈"制约破解艰难。四川藏区牧民大多有"不杀生"的习惯，把牲畜数量作为家庭财富的象征，牲畜市场行情无论再好都不愿意出售。

（5）特色农产品规模普遍较小。四川藏区幅员面积较广，不同区域在自然气候、土地资源等方面的差异性十分大，导致农产品生产的地域特征十分明显。如特色水果主要在干热河谷地区，这些区域山高谷深，耕地十分有限，特色水果播种面积普遍较小。同时，藏区目前农牧业生产总体上是以户为单位的小规模生产，这种小规模生产基本上是一个自给自足的经济组织形式，农业机械化程度较低，劳动生产率偏低，畜种改良缓慢，经营管理相对粗放，畜产品产量较低，加工业不发达，严重制约了农畜产品商品化和规模化发展，大部分农产品未出现明显剩余。

（6）农产品的生产和加工互动性不强。农牧业的发展与对其产品进行精加工和深加工行业的发展是密切相关的，两者是相互促进、互相依存的关系。尽管四川藏区农产品种类多、品质好，但由于普遍规模较小，"小车拉不完，大车不够拉"的问题突出，难以满足规模化加工的需要。近年来，部分地方陆续建设了农产品加工项目，但均面临原材料供应不足或运营时间短等问题，或者农产品加工地和生产地之间运距过长也使农产品保鲜和运输成本过高的问题难以有效解决，导致农产品加工水平一直难以提高。由于农产品加工水平难以提高，也难以带动农产品生产的规模化扩展。四川藏区农产品的生产和加工存在的脱节现象，不仅严重制约农业产业化发展，难以提升四川藏区特色农产品的市场竞争力，也难以使农产品附加值得到提升。长此以往，四川藏区农牧业发展将持续陷入低水平发展的恶性循环。

3. 四川藏区农牧业产业化发展的路径

（1）树立生态绿色高端精品发展理念。目前，我国农业普遍面临农产品市场竞争日趋激烈、农业生态环境日趋恶化、农产品质量安全问题日益严重、农业生产成本持续上升等问题。从四川藏区自然、地理、环境、市场等因素综合分析，农牧业发展受到的资源和市场制约十分明显。一方面，耕地资源十分有限，户均经营土地规模过小，属于超小型经营水平，难以通过规模扩张实现农牧业发展；另一方面，本地市场规模较小，与内地市场距离较远，运输成本高、时间长，市场竞争优势不明显。应克服土地资源约束，发挥高原独特的气候、较强的光照、较大的温差、洁净的水源、无污染的土壤等优势，顺应市场对安全农产品需求不断扩大趋势，走生态绿色和高端精品的农牧业发展道路，努力提高农牧业的市场竞争力和经济附加价值。

（2）统筹生态建设与生态农牧业发展。四川藏区生态农牧业发展要与生态建设与环境保护有机结合起来，实现经济效益和生态效益相统一。农业发展方面，要促进农业生产过程无害化，避免用农药、化肥对土壤、水源和环境的污染，大力推广滴灌等节水灌溉技术，推广一批生态种植模式，开展农业病虫害绿色防控，推广高标准农膜和残膜回收，促进农业可持续发展。畜牧业发展方面，要统筹草原生态建设与畜牧业发展，树立草畜平衡理念，坚持深入落实草原禁牧休牧、草畜平衡制度，加快牧草产业发展，利用经济手段将控制畜载量和提高出栏率、商品率结合起来，大力推广"夏秋放牧、冬春补饲、集中育肥、提早出栏"的现代畜牧业模式，通过集中养殖、集中治理模式解决高山、半高山和峡谷地区农村面源污染问题。林业发展方面，继续实施退耕还林、天然林保护等重点生态工程，鼓励个人和企业承包宜林荒山、荒地、荒滩开发造林，因地制宜发展林、果、药等特色产业。

（3）推动农牧业适度规模经营。四川藏区分散的农业经营模式不利于基础设施的统一建设、生产成本的降低、市场的开拓、市场风险的规避，必须走适度规模经营的发展道路。一是要积极推进土地、草场的规范流转，引导土地、草场向种养殖大户集中，将单户农牧户散兵游勇式的生产方式推进为规模化、集约化经营。二是推动农牧业园区化发展，加强现代农牧业园区建设，重点加快高原现代农业示范区、生态畜牧业试验区和有机产业园区、农业科技园区建设，在半农半牧区发展舍饲圈养或"车间模式"养殖等产业化经营组织模式。三是做强特色农牧业产业基地，重点发展牦牛、藏羊、藏猪、藏鸡四大特色畜禽基地，青稞、马铃薯、玉米、反季节无公害蔬菜、高寒地区大棚蔬菜、高原中低温实用菌、花椒、核桃等特色农副产品生产基地，樱桃、李子、桃、葡萄、沙棘、蓝莓等特色水果基地。四是培育种养殖大户、家庭农牧场，鼓励农牧民以土（林、草）地承包经营权作价入股专业合作社或股份公司，引导农民专业合作组织做大做强，培育壮大农村集体经济组织，通过经营主体培育，推进农业规模化、产业化经营。

（4）创新农牧业生产经营方式。围绕拓展农业功能、科技含量、市场拓展、农牧民增收，加快推进农牧业生产经营方式创新。一是拓展农业多种功能，推动农业与旅游产业融合互动。把特色农业优势和旅游资源优势紧密结合起来，大力发展观光农业、体验农业，建设一批草原生态观光体验牧场和精品农业体验园区。在自然生态环境相对较好、海拔较低地区，鼓励和支持农村集体经济组织通过财政扶持、村民众筹、市场化运作模式，建设集农业生产、生态观光、健康养生等于一体股份化经营的生态经济庄园。二是强化农业科技支撑，提高农业市场竞争力。重点加强新品种改良和特有品种保护，加快现有老品种的更新换代，大力引进和推广特色化新品种，与其他地区实现差异化发展，提高产品市场占有率。三是实施"互联网+农业"计划，提高农业信息化水平。选择条件适宜地区开展农业物联网示范，应用物联网技术对畜牧养殖、果蔬大棚生产及农机提排灌等实施精准化作业示范；加快农产品电子商务平台建设，推动农产品流通方式现代化，拓展特色农产品市场销售范围。

（5）大力发展绿色食品加工。目前，四川藏区农产品加工率较低，农产品产业链延伸不够，对农牧业规模化种养殖和农牧民增收带动作用还不强。要把农畜产品加工作为该地区特色农牧业发展的重点，加快打造高原绿色食品加工基地，提高农业附加值。一是加强农产品加工园区建设。在靠近农产品优势产区、区位交通条件较好、资源环境承载能力较高的区域，统一规划和集中布局加工园区，避免各县各自为政，提高农产品加工业规模化集中化水平。二是发展农畜产品加工。加快发展农产品产地初加工，改善产地初加工设施设备，提升农产品精深加工水平，重点扶持和发展粮油、果蔬、肉类、水产、乳制品和农业特色资源加工业，尤其要重视牦牛毛、肉、血、骨全产业链打造。三是要打造特色品牌。以"圣洁甘孜""川藏高原"区域品牌统领产品品牌和地域品牌，形成对外统一的品牌形象，避免产品品牌同质化竞争；依托区域品牌，在大中城市发展品牌专卖店和网上购物平台，扩大农产品品牌影响力。

（6）提升中藏药产业化水平。藏医药作为中华医药的重要组成部分，有巨大市场前景，藏区和内地市场需求呈逐年扩大趋势。但目前，四川藏区的藏医藏药发展仍处于以药材种植和初级加工为主的阶段，尚未形成完成的产业链，难以形成具有带动作用的特色优势产业，农业发展的特征仍然十分明显。应坚持创新与传承相结合，将现代医药科技与传统的医药理论紧密结合起来，以药材种植规模化、研发系统化、生产流通集约化、服务特色化，形成产、研、销有机融合的产业化格局，力争将中藏药业培育为最具潜力的特色产业。一是加快建设中藏药材基地。结合退耕还林、退牧还草、天然林保护工程，把中藏药材种植作为扶贫开发项目，建立中藏药材繁育基地和野生资源保护区，发展中藏药材人工种植，探索建立规模化、规范化的特色药材种源基地和生产基地。加强对分散农户种植中藏药材的指导，积极引进药材种植优势企业，大力培育专业经济合作组织，集中财力重点扶持道地优势品种种植，推进中药材GAP认证，走产业化、规范化的中药材生产之路。准确把握市场规律和动向，进一步规范中藏药材经营行为，使药材种植真正成为富民增收的有效途径。二是加强中藏医研发和加工。加强现代中藏药饮片、保健食品、高原生态食品和药浴药膳产品的研发力度，选一批安全有效的院内藏药制剂进行科技攻关。规范藏药制剂配制，改进藏药传统制剂，发展疗效确切、质量可控、使用安全的藏药制剂新产品，积极引导和规范民间（含寺庙）藏药制剂配制。以中藏药提取、分离、精制等为重点，大力引进一批以中藏药材加工、中藏药提取为主的制药企业，充分挖掘中藏药有效治疗成分，提高中藏药材开发利用水平。以现有中藏药龙头企业为重点，鼓励采用新技术、新工艺、新设备，实现生产程控化、检测自动化、工艺标准化，提高中藏药材生产加工研发水平。三是推动中藏医药相关产业融合。重点推动中藏医药产业与旅游产业和康复保健业的融合，积极发掘中藏医药中丰富的保健知识、保健产品、保健方法；加快道地药材、药泥面具等中藏医药产品的旅游开发，在丰富旅游产品的同时加强中藏医药产业推广。

（7）深化农牧区土地制度改革。农牧区的土地制度改革是农牧业产业化发展的重要制度保障，要以土地制度改革为突破口，推动农牧业生产经营方式转变。目前，四川藏区农用地的改革进展情况良好，主要矛盾集中在草场制度改革方面。目前，四川藏区民间草场流转尚处于局部的自发状态，没有成熟的标准、办法和制度可供借鉴，需要"摸着石头过河"开展试点。在试点的具体推进上，一要成立草地流转管理和仲裁等服务机构。推进产权流转交易体系建设，以县为单位建立承包草原的产权流转平台和承包经营权的纠纷仲裁机构，乡镇建设流转服务站和纠纷调解服务组织，建立健全草原产权管理和纠纷调处的制度和机制。二要建立村民自治的草原约束机制和流转制度，制定出台不同草原类型或不同生产力水平流转补贴标准和牧民接受的流转办法，建立起公正公平、相互约束的草原管理制度。三要探索适合四川藏区牧区的草场流转方式。从四川藏区实际看，有三种模式可以选择：第一，牧民把自愿流转的草场呈报相应的管理服务机构，由管理服务机构统一将拟流转草原的合法经营权转包给企业、协会、合作社、养殖大户经营，流转费用通过管理服务机构返还牧户；第二，牧民将草原承包权直接入股或租赁给企业和相关经济组织经营，形成流转或租赁合同，在乡村或服务机构的监督下牧民按合同分红或收取租赁费；第三，在乡村和草原主管部门的许可监督下，牧户之间自愿协商流转，形成合法的流转协议，采取置换方式或收取草场使用费流转草场。

6.4 四川藏区特色产业发展的政策和机制保障

6.4.1 强化政策支持

1. 土地政策

积极落实差别化土地政策，合理确定土地供给，将特色产业项目建设用地纳入政府土地利用的总体规划、城市规划和年度计划中，优先保障用地计划指标。鼓励川西北地区内部跨区域进行土地指标平衡与置换，盘活存量土地资源。支持农牧民以转包、出租、互换、转让、股份合作等形式流转土地、草场、林地经营权。将土地行政审批业务纳入窗口服务，对符合特色产业发展的，优先办理立项、预审、转报或核准手续，加快审批速度。

2. 财税政策

加大财政资金投入，重点加强生态农牧业的财政支持，深入落实各类补助奖励政策，进一步扩大畜牧良种补贴范围，将藏香猪、藏鸡纳入补助范围，实行牧草良种补贴和农牧民生产资料综合补贴，加大农牧业新型经营主体的财政扶持力度。各级财政预算安排的各类专项资金，要优先用于符合条件的特色产业项目，对符合条件的企业，要在补助、贴息等各类政策性资金方面给予优先扶持。发挥财政资金的引导作用，建立各类特色产业发展专项基金，并纳入财政预算。认真落实国家西部大开发、国家支持中药现代化发展、扶持旅游业及农业产业化等方面的税收优惠政策，对符合特色产业发展方向的企业，在政策范围内给予税收优惠。

3. 金融政策

加大金融支持力度，出台特色产业发展信贷指导意见，制定覆盖特色产业全产业链的信贷支持方案。引导和鼓励各类金融机构增加特色产业贷款规模，鼓励银行开展中藏药新药证书、专利等知识产权质押贷款，加大对符合条件的重点企业的授信额度，对中小企业提供创业担保贷款，实施优惠利率并适当延长贷款期限。鼓励保险公司针对生态旅游的不同旅游方式、不同旅游地区和不同年龄群体，开发保险产品。完善农牧业政策性保险。探索保险资金以投贷组合等方式支持特色产业发展，建设"四川藏区旅游产权交易中心"，引进信托基金、股权投资基金等参与特色产业的开发。鼓励担保机构提供融资担保，积极搭建特色产业投融资平台。支持有条件的企业上市、发行债券和上市企业再融资，推动建立四川藏区中小企业发展基金。

6.4.2 体制机制创新

1. 生态补偿机制

生态保护具有很强的社会公益性和利益共享性，是典型的公共产品，完善生态补偿机制不仅有利于促进四川藏区生态文明建设，也对转变发展方式和特色产业发展有极大的推动作用。一是把生态环境财政作为公共财政的重要组成部分，设立生态建设专项资金并列入财政预算，加大对生态旅游、生态农牧业等生态产业的支持力度。二是建立横向生态补偿制度，探索生态产业合作模式，健全生态受益地区向四川藏区的产业扶持、资金补助、项目共建、一次性补偿等机制。三是完善重大生态工程补助政策，积极争取将国有公益林木和经济林木纳入补助范围，延长天保工程规划期和退耕还林政策期限，提高补助标准，实施造林直补政策。

2. 资源开发机制

健全的资源开发机制，关系民族地区经济社会的发展和人民福祉的提高。为了避免出现"富饶的贫困"现象，资源开发应以促进民族地区发展，惠及广大民族地区百姓为根本目的，不断完善资源开发机制。一是实行资源开发权的有偿获得制度，下放小型水电项目的开发权，允许资源地参照市场化的资源开发权转让价格，对国有企业和民营企业均按照招标、拍卖、议价等市场方式获得资源开发权，费用或价款则大部分留给四川藏区使用。二是健全资源开发的利益共享机制，一方面制定资源开发的反哺政策，强化资源开发企业的社会责任，将部分资源开发的收益反哺资源地经济建设和社会发展；另一方面建立资源开发参与机制，鼓励地方政府、集体经济和资源地群众，共同参股水电、旅游等优势资源开发。

3. 区域产业合作机制

区域产业合作是区域经济发展的重要内容。健全区域产业合作机制有利于四川藏区整体产业实力的提升，对特色产业的发展具有重大推动作用。一是建立四川藏区内部产业合作机制，州际之间、县域之间应立足于各自优势，充分沟通交流，合理规划布局特色产业，积极共建特色产业园区，避免经济区内部的同质化竞争。二是完善跨区域产业合作机制，加强与周边区域的产业合作，鼓励省内发达地区向四川藏区扩大投资，支持民族地区与四川省内毗邻藏区的攀西经济区、成都经济区共建飞地园区，搭建产业合作平台，实现优势互补。三是抓住对口援建的重大机遇，鼓励民族地区积极对接广东、浙江等发达省市，加大招商引资力度，充分利用援建方的市场、技术和人才等优势，促进四川藏区特色产业发展。

第 7 章

四川藏区建立综合生态补偿机制研究

四川藏区作为长江黄河上游重要生态安全防线和我国重要的高原生态屏障，全域属国家重点生态功能区，生态地位极其重要，经济社会发展相对滞后，群众生活水平偏低，面临保护生态和改善民生双重任务。在四川藏区开展综合生态补偿机制，不仅可以提高当地生态保护能力，维护国家生态安全，促进区际利益公平，也有助于提高当地群众收入水平，促进区域可持续发展，还可为我国完善和创新生态补偿机制探索路径、积累经验。根据中央加快生态文明建设、健全生态补偿机制、促进藏区经济社会发展的总体部署，结合四川藏区生态环境特征及生态保护管理实际，现就四川藏区开展综合生态补偿机制的有关问题进行研究。

7.1 四川藏区开展综合生态补偿机制的重大意义

7.1.1 为维护高原生态安全屏障提供稳定资金来源

四川藏区地处我国地理第一级和第二级阶梯过渡地带，大地貌属横断山系北段、青藏高原部分之高山高原区，拥有类型丰富的自然生态系统，是长江、黄河源区和两大水系主要水源涵养地，流经境内的金沙江、雅砻江、大渡河是长江上游主要干、支流，境内有广袤的森林，数量较多的天然湖泊湿地，其中若尔盖湿地总面积达1.66万公顷，为黄河提供了30%的水量，对保障周边省（区）和省内水资源需求，维系长江、黄河流域乃至全国生态安全具有重要作用。同时，四川藏区也是我国生态环境最脆弱的地区之一，气候寒冷和多变，植物生长期短；岩体松散破碎，水土流失严重；土地荒漠化面积大，草原沙化和鼠害严重；自然灾害种类多、频率高、强度大，生态系统对外界干扰的抵抗和恢复能力差，是典型的生态脆弱区域，整个区域属于国家重点生态功能区，相当一部分地区属于禁止开发区域。由于特殊的自然环境和人为因素对生态环境的破坏影响，四川藏区生态建设与保护是一项规模大、投资高、周期长的系统工程，亟需建立持续稳定的资金来源渠道。尽管国家加大资金投入，在生态补偿政策方面积极探索，但与现实资金需求差距较大，部分生态补偿政策缺乏长期性，生态补偿资金分散使用问题也突出。建立综合生态补偿机制，加强现有生态补偿资金整合，创新生态补偿资金的筹集、使用和监管方式，形成稳定的生态补偿政策机制，可以为四川藏区生态建设保护提供有力资金支持，解决生态建设资金不足的问题，提高生态补偿资金使用效率，提高生态建设与保护持续性。

7.1.2 协调各方利益和调动各方保护生态环境积极性

四川藏区是我国水电和矿产资源富集地区，是西部重要的资源输出地。水资源总量占全省的47.85%，区域内的金沙江、雅砻江、大渡河、岷江水系集中了四川省80%以上的水能资源；是全省重要的矿产基地，是亚洲最大的锂矿基地，金、银、铜、铅、锌、铬、镍等储量居全省第一，在全国占有重要地位。长期以来，由于在资源开发过程中的利益补偿机制和生态补偿机制不健全，部分资源被廉价使用甚至无偿使用情况突出，资源开发强度未得到有效控制，资源开发和生态保护的经济价值没有体现在四川藏区的发展上，更没有充分补偿其利益损失，导致生态护者和受益者、资源输出地和输入地、生态保护地和生态受益地之间的不公平分配，不利于调动各方保护生态环境的积极性。通过建立综合生态补偿机制，明确资源开发过程中的生态环境治理恢复责任，通过经济手段调节资源产品使用，可以理顺生态保护者和受益者之间的利益关系，引导资源科学开发合理利用，提高受益地区和保护地区保护生态的积极性。

7.1.3 提高藏区群众生活水平和促进区域可持续发展

四川藏区是四川乃至全国发展较为滞后区域，人均地区生产总值不到全省的2/3，地方公共财政实力薄弱，医疗、教育、文化等基本公共服务供给短缺、质量不高，基础设施建设严重滞后；贫困问题集中突出，农牧民的人均纯收入远低于全省平均水平，农村贫困人口占比高。由于总体发展水平不高，国家的区域政策和投入不配套，部分基本公共服务和基础设施的建设投入仍依靠地方政府。在财政自给能力很低的情况下，四川藏区生产生活方式对自然资源依赖程度较高，局部地区工程建设、资源开发等开发活动普遍、强度较大，不符合区域主体功能定位要求。尤其是在全球气候变暖、高寒干旱、自然灾害频发、土地生产力低下、人口持续增长、人口素质普遍较低的情况下，居民增收主要依靠对草地等自然资源的索取，长期以来"贫困—生态破坏—贫困"的怪圈没有得到根本改变。建立综合生态补偿机制，对藏区政府和群众给予合理的经济补偿，一方面有助于增强地方政府财力，提高公共服务发展质量和水平，增加居民收入，提高群众生活水平，促进人与自然和谐相处；另一方面有利于引导藏区积极调整产业结构，将经济发展重心转变到发展生态经济上来，促进区域可持续发展。

7.1.4 促进生态补偿资源有效整合和提高生态补偿效率

当前，我国还未建立统一的综合生态补偿机制，现行带有生态补偿性质的政策为部门要素类生态补偿，生态补偿资源分散在多个部门，并未形成固定下来的制度和政策。尽管中央和四川省政府逐年加大生态补偿的投入力度，但由于部门之间缺乏必要的协调机制，诸多名目的资金、项目补偿渠道内容相似或相近，在不同部门的管理下可分别申请、重复投资，地方政府和相关部门在争取和使用各类生态补偿资金项目方面也缺乏有效监督，导致生态补偿的投入在空间上分散,"撒芝麻盐"问题普遍,有限的财力未集中用于重要生态功能区的保护,甚至成为地方部门日常开支和福利补贴,造成了生态补偿资源的低效使用和浪费。在四川藏区建立综合生态补偿机制,推动从部门要素补偿到区域综合补偿,可以有效整合各类生态补偿资源,提高生态补偿的效率,为我国生态补偿机制的完善积累经验。

7.2 四川藏区现行生态补偿机制及存在的问题

7.2.1 现行生态补偿机制概况

1. 森林生态实行分类补偿

目前,四川藏区森林生态补偿方式主要有三种(见表7-1):一是退耕还林补偿,退耕还林补偿政策于1998年在四川藏区等地率先开展试点,2002年全面推广实施,2004年实行"粮改现",2014年国家实施新一轮退耕还林政策,现行补偿标准是还经济林、生态林每亩补助1500元;二是天然林资源保护补偿,该政策始于2000年,后来四川省进一步完善了相关补偿政策,森林管护补助标准由过去的每年56元/公顷提高到2016年的每年76元/公顷,人工造林补助标准由过去的2400元/公顷提高到目前的7500元/公顷,封山育林补助标准由1050元/公顷提高到目前的1500元/公顷;三是生态公益林补偿,生态公益林补偿政策于2000年开始实施,2014年四川省根据新情况进行了适当调整,目前省级和国家级公益林补助标准是每年15元/亩。自2010年以来,四川藏区累计收到国家下达森林生态效益补偿资金25.14亿元,累计完成退耕还林1.67万公顷,补偿国家级公益林1074.74万公顷、集体省级公益林62.5万公顷,森林覆盖率达到33%,森林蓄积量显著增加,森林生态功能逐步恢复并增强。

第7章 四川藏区建立综合生态补偿机制研究

表7-1　　　　　　　国家和省有关森林生态补偿政策

国家有关林区生态补偿的政策			
时间	颁布机关	政策名称	主要内容
1998.4.29	九届全国人大常委会	中华人民共和国森林法	国家设立森林生态效益补偿基金，用于提供生态效益的防护林和特种用途林的森林资源、林木的营造、抚育、保护和管理产生的费用
1998.10.20	中共中央、国务院	关于灾后重建、整治江湖、兴修水利的若干意见	封山植树、退耕还林
2000.1.29	国务院	森林法实施条例	防护林、特种用途林的经营者，有获得森林生态效益补偿的权利。从2001年起，每年国家财政拨款10亿元，在全国11个省（区）进行森林生态效益补助资金的发放试点
2000.9.10	国务院	关于进一步做好退耕还林还草试点工作的若干意见	在长江上游、黄河上中游各有关地区开展退耕还林还草试点工作，国家将无偿向退耕户提供粮食、现金、种苗补助
2002.4.11	国务院	关于进一步完善退耕还林政策措施的若干意见	明确了原则、主要任务和补助标准。长江流域及南方地区，每亩退耕地每年补助粮食150公斤；每亩退耕地每年补助现金20元。还草、经济林和生态林分别补助2年、5年和8年。补助价款和资金由中央财政承担
2004.4.13	国务院办公厅	关于完善退耕还林粮食补助办法的通知	坚持原来退耕还林方针政策、补助标准不变，从当年起，原则上将补助由粮食改为现金。中央按每公斤粮食1.4元计算，包干给各省、自治区
2007.8.9	国务院	关于完善退耕还林政策的通知	在原有补助政策到期后，继续对退耕还林农户给予适当补助，以巩固退耕还林成果，解决退耕农户生活困难和长远生计问题
2014.8.2	国务院	新一轮退耕还林还草总体方案	明确中央退耕还林补助资金分三次下达给省，每亩第一年800元（其中，种苗造林费300元）、第三年300元、第五年400元；退耕还草补助资金分两次下达，每亩第一年500元（其中，种苗种草费120元）、第三年300元

续表

国家有关林区生态补偿的政策			
时间	颁布机关	政策名称	主要内容
2016.5.13	国务院	关于健全生态保护补偿机制的意见	明确了生态保护补偿的总体目标和森林、草原、湿地、荒漠等领域重点任务，提出了建立完善重点生态区域补偿机制和横向生态保护补偿机制等重点补偿机制等

四川省有关林区生态补偿的政策			
时间	颁布机关	政策名称	主要内容
1999.1.29	九届省人大常委会	四川省天然林保护条例	征用、占用天然林林地，应办理采伐许可证，依法对林木所有者或者经营者的林木损失进行补偿，并在林业主管部门指定的地块植树造林，恢复植被，或者按照国务院规定缴纳森林植被恢复费；天然林保护专项资金和依法设立的森林生态效益补偿基金必须专款专用
2009.3.27	十一届省人大常委会	四川省天然林保护条例（修订）	修改内容：按隶属关系由县级以上林业主管部门审批并发放林木采伐许可证；天然抚育性采伐审批下放给市（州）林业主管部门

2. 草原生态补偿奖补并行

川西北草原是全国第五大牧区，草原生态地位重要。当前，四川藏区草原生态补偿政策主要有退牧还草和草原生态保护补助奖励政策两种方式（见表7-2）。退牧还草政策于1999年开始试点，2002年推广实施，2003年四川在石渠、红原、木里等20个县开展天然草原退牧还草试点，2011年国家调整完善了退牧还草政策，不再实施饲料粮补助，在工程区内全面实施草原生态保护补助奖励政策，对实行禁牧封育的草原每亩每年补助6元，对禁牧区域以外实行休牧、轮牧的草原给予每亩每年1.5元的草畜平衡奖励。2016年国家实施新一轮草原生态保护补助奖励政策，并提高了补偿标准，现行草原禁牧补助标准为每年7.5元/亩，草畜平衡奖励标准为每年2.5元/亩。自2011年以来，四川藏区累计收到国家下达草原生态保护补助奖励资金70.95亿元，累计完成

第7章 四川藏区建立综合生态补偿机制研究

退牧还草832.6万公顷，禁牧草原566.6万公顷，草畜平衡1032.87万公顷，种植和更新人工草地83万公顷次，牧区草原综合覆盖率达到85%，草原生态环境得到显著改善。

表7-2　　国家和省近年来有关草原生态保护与补偿政策

国家草原生态补偿有关政策			
时间	颁布机关	政策名称	主要内容
2000.9.10	国务院	关于进一步做好退耕还林还草试点工作的若干意见	长江上游、黄河上中游各有关地区开展退耕还林还草的试点工作，国家将无偿向退耕户提供粮食、现金、种苗补助
2010.10.19	财政部和中央农办、农业部	建立草原生态保护补助奖励机制	在全国主要牧区可利用天然草场范围内，建立草原生态保护补助奖励机制，实施禁牧补助，基本达到草畜平衡，促进转变畜牧业发展方式，逐步实现草原生态保护和牧民持续增收的双赢目标
2011.8.22	国家发改委、农业部、财政部	关于印发完善退牧还草政策的意见的通知	从2011年起，适当提高中央投资补助比例和标准。青藏高原地区围栏建设每亩中央投资补助由17.5元提高到20元。补播草种费每亩中央投资补助由10元提高到20元。人工饲草地建设每亩中央投资补助160元。舍饲棚圈建设每户中央投资补助3000元。对实行禁牧封育的草原，中央财政对牧民给予禁牧补助每亩每年补助6元，5年为一个补助周期；对禁牧区域以外实行休牧、轮牧的草原，中央财政对未超载的牧民给予草畜平衡奖励每亩每年1.5元
2016.3.1	农业部办公厅、财政部办公厅	新一轮草原生态保护补助奖励政策实施指导意见（2016-2020年）	"十三五"期间，国家在内蒙古、四川、云南、西藏、甘肃、宁夏、青海、新疆等8个省启动实施，明确提出了任务目标、基本原则以及政策内容，并规定了补助奖励标准："禁牧补助中央财政按照每年每亩7.5元给予""草畜平衡按照每年每亩2.5元给予奖励"
四川省草原生态补偿有关政策			
时间	颁布机关	政策名称	主要内容
2000.11.29	省人民政府	关于进一步做好退耕还林还草试点工作的通知	通知要求："退耕还林还草地每亩补助的300斤粮食（原粮）、20元现金、50元种苗费，要不折不扣地兑现给农民"

续表

四川省草原生态补偿有关政策

时间	颁布机关	政策名称	主要内容
2012	省财政厅、省畜牧食品局	四川省草原生态保护补助奖励资金管理实施细则	明确了四川草原生态保护补助奖励资金管理实施细则，规定："禁牧补助标准为平均每年每亩6元；草畜平衡奖励标准为平均每年每亩1.5元；牧民生产资料综合补贴标准为每年每户500元；牧草良种补贴标准为平均每年每亩10元"
2015.1.12	省人民政府办公厅	关于实施新一轮退耕还林还草的意见	明确了新一轮退耕还林还草补助标准为：中央财政对退耕还草每亩补助800元，省财政分两次下达给工程县（市、区），第一年每亩补助500元（含种苗种草费120元），第三年每亩补助300元。市、县级人民政府可适当提高补助标准。种苗费补助退耕还草每亩120元，现金补助退耕还草每亩补助680元（第一年每亩补助380元，第三年每亩补助300元）
2016.8.19	省人民政府	关于四川省新一轮草原生态保护补助奖励政策实施方案（2016-2020年）	提出了新一轮草原生态保护补奖政策实施内容及资金下达计划，补助标准：草原禁牧中央财政补助7.5元/亩，草畜平衡奖励中央财政补助2.5元/亩

3. 湿地生态补偿初步试点

四川藏区是全国最大的高原泥炭沼泽湿地分布区，湿地生态系统生物多样性保护功能重要。长期以来，受自然气候变化和人类活动过度干预，大量湿地被开垦和随意侵占，尤其是水电开发造成部分河流湿地断流，过度放牧造成湿地面积大幅萎缩，湿地生态功能遭受严重破坏和削弱。为此，四川藏区各级政府一直以来坚持向国家和省有关部门反映情况，积极争取湿地生态保护政策支持（见表7-3）。2015年，四川藏区的若尔盖县湿地首次纳入中央财政湿地生态效益补偿试点，获得中央财政试点资金2500万元，主要用于若尔盖湿地（国际重要湿地）国家级自然保护区及阿坝多美林卡国家湿地公园（试点）、红原嘎曲国家湿地公园（试点）、松潘岷江源国家湿地公园（试点）等湿地保护与恢复，补偿退牧还湿的牧民。同时，四川省也积极在藏区理塘县开展省级湿地生态效益补偿试点，为退牧还湿牧民进行补偿，试点补偿标准是每亩每年补助 25 元。截至 2016 年底，四川藏区共计接收国家下达资金 8411 万元，累计完成退牧还湿国家级湿地 3768.53 万公顷，还省级湿地 6301.83 万公顷，藏区湿地生态环境初步得到修复和保护。

表 7-3　　国家和省近年来有关湿地保护与补偿政策

国家湿地生态保护与补偿有关政策			
时间	颁布机关	政策名称	主要内容
2010	国家林业局、湿地办、计财司	全国湿地保护工程实施规划（2010~2015年）	明确"十二五"期间湿地保护的任务和目标，对湿地生态补偿提出相关要求
2013.4.9	国家林业局	湿地保护管理规定	明确湿地保护范围、方针、主体以及湿地规划的编制、国家湿地公园的建立等，并明确规定"因保护湿地给湿地所有者或者经营者合法权益造成损失的，应当按照有关规定予以补偿"
2016.12.12	国务院办公厅	湿地保护修复制度方案	发挥政府投资的主导作用，形成政府投资、社会融资、个人投入等多渠道投入机制。探索建立湿地生态效益补偿制度，率先在国家级湿地自然保护区和国家重要湿地开展补偿试点
四川省湿地保护与补偿有关政策			
时间	颁布机关	政策名称	主要内容
2010.7.24	省十一届人大常务委员会	四川省湿地保护条例	明确了湿地保护的范围、原则、主体及惩罚措施，并规定"从事湿地保护、利用和管理致使湿地资源所有者、使用者的合法权益受到损害的，应当依法给予补偿，并对其生产、生活做出妥善安排"
2015.10.19	省财政厅、林业厅	首次实施湿地生态效益补偿试点	省财政厅下达 2015 年生态保护资金 1.1 亿元。其中：林业国家级自然保护区补助资金 4300 万元，湿地生态效益补偿试点补助 2500 万元，湿地保护与恢复补助 2700 万元，湿地保护奖励补助 1500 万元

4. 资源开发补偿税费合一

四川藏区资源丰富，全省水电、锂资源等主要分布四川藏区。按照中央提出的"谁使用谁付费"的原则，目前四川藏区资源开发补偿主要有矿产资源开发补偿和水能资源开发补偿，而水资源补偿国家正在试点，风能、光能等资源开发补偿尚处于酝酿阶段（见表7-4）。矿产资源开发补偿主要有矿产资源税和矿产资源开发补偿费两种，矿产资源开发税和矿产资源开发补偿费分别于1984年和1994年开始征收，2016年国家全面推进资源税改革后，将矿产资源补偿费并入资源税，全部矿产资源补偿费费率降为零，资源税由从量计征改为从价计征，税收收入由中央与地方分享改为全部归属地方财政。四川省也明确提出省暂不参与藏区县资源税收入分享。水能资源开发补偿主要采取水电留存政策，即发电企业每年留存一定电量用以作为对藏区水能资源开发补偿的特殊政策安排，目前已实施多年。除中央规定的资源税补偿和特殊安排外，四川藏区也积极探索资源开发补偿形式，如甘孜州规定州、县按20%的比例，提取分成所得矿产资源开发税收总收入、探矿和采矿权出让价款分成总额，设立群众受益资金，用于资源开发区社会事业建设和民生改善项目。近年来，资源税和资源补偿费的分享有力增强了地方财力，如阿坝州近四年获得超过1180万元的矿产资源开发补偿收入，有力促进了地方经济社会发展。

表7-4　　　　　　　　国家和省资源开发有关补偿政策

国家资源开发补偿有关政策			
时间	颁布机关	政策名称	主要内容
1994.2.27	国务院	矿产资源补偿费征收管理规定	明确了矿产资源补偿费计征方式、计算公式、补偿费率标准、缴纳主体和征收部门等
1997.7.3	国务院	关于修改《矿产资源补偿费征收管理规定》的决定	决定将《矿产资源补偿费征收管理规定》第十条第一款修改为："征收的矿产资源补偿费，应当及时全额上缴，并按照下款规定的中央与省、自治区、直辖市的分成比例分别入库，年终不再结算。""中央与省、直辖市矿产资源补偿费的分成比例为5:5；中央与自治区矿产资源补偿费的分成比例为4:6"

第7章　四川藏区建立综合生态补偿机制研究

续表

国家资源开发补偿有关政策			
时间	颁布机关	政策名称	主要内容
2016.5.9	财政部、国家税务总局	关于全面推进资源税改革的通知	明确提出清费立税等原则，将矿产资源补偿费等收费基金适当并入资源税，取缔各项收费基金；在河北省开展水资源税改革试点工作；实施矿产资源从价计征改革；将全部资源品目矿产资源补偿费费率降为零，停止征收价格调节基金；改革的矿产资源税收入全部为地方财政收入
2016.5.9	财政部、国家税务总局、水利部	水资源税改革试点暂行办法	在河北省率先试点，规定：水资源税实行从量计征；水力发电和火力发电贯流式取用水量按照实际发电量确定，水力发电和火力发电贯流式取用水的税额标准为每千瓦小时0.005元

四川省资源开发补偿有关政策			
时间	颁布机关	政策名称	主要内容
1994.10.22	省人民政府	四川省矿产资源补偿费征收管理办法	中央与省矿产资源补偿费的分成比例5:5。省所得部分与市、地的分成比例为2:8；省与民族自治州及黔江地区的分成比例为1.5:8.5。市、地、州所得部分与县（市、区）的分成比例，由市、州人民政府、地区行政公署决定，但市、地、州所得部分不得超过30%。矿产资源补偿费纳入财政预算，实行专项管理，主要用于矿产资源勘查、保护和管理
2016.7.14	省人民政府	关于全面推进资源税改革的通知	开展水资源税改革试点研究工作；省资源税由省与市、扩权试点县（市，不含内地民族自治县和享受少数民族地区待遇的县）按35:65的比例进行分享，省暂不参与"三州"、内地民族自治县和享受少数民族地区待遇的县（区）的资源税收入分享

5. 环境保护补偿实行费改税

四川藏区环境脆弱，环境保护任务艰巨。按照国家统一部署安排，四川藏区环境保护主要采取排污费专项资金补偿方式，排污费自1982年开始暂行实施，1988年进一步调整规范，2003年修订完善了相关条例，2014年提高了征收标准,以弥补地方城乡环境保护资金缺口问题,2016年十二届全国人大常委会通过《中华人民共和国环境保护税法》,实行环境保护费改税,逐步实现排污费制度向环保税制度的平稳转移(见表7-5)。目前,四川藏区环境保护补偿实行征费分成返还的形式补偿地方,中央、省和地方的分成比例为10%：15%：75%,返还地方的部分通过专项基金的方式主要用于地方城乡环境保护工程和设施的建设等。但由于四川藏区经济发展水平低,工业企业较少,排污费征收基数小,征收费用总额较少,通过返还补偿给地方污染补偿费尚难以满足城乡环境保护和改善设施建设的需求。

表7-5　　　　　　　国家和四川环境保护补偿有关政策

时间	颁布机关	政策名称	主要内容
1982.2.5	国务院	征收排污费暂行办法	规定了收费的对象、收费程序、收费标准等内容
1988.7.28	国务院	污染源治理专项基金有偿使用暂行办法	明确规定了基金使用范围、贷款对象、贷款办法、管理部门等
2002.1.30	国务院	排污费征收使用管理条例	明确规定了排污费征收对象、征收标准、征收单位、使用管理及处罚措施等
2014.9.1	国家发展改革委、财政部、环境保护部	关于调整排污费征收标准等有关问题的通知	通知"将废气中的二氧化硫和氮氧化物排污费征收标准调整至不低于每污染当量1.2元,将污水中的化学需氧量、氨氮和五项主要重金属(铅、汞、铬、镉、类金属砷)污染物排污费征收标准调整至不低于每污染当量1.4元。企业污染物排放浓度值和总量高于排放限值,加倍征收排污费"
2016.12.25	十二届全国人大常委会	中华人民共和国环境保护税法	明确了环境保护税法的基本原则、征收对象、征收标准、征收方法等

6. 重点生态功能区转移支付力度加大

四川藏区位于国家"二屏三带"生态安全格局的西南部,是国家重点生态功能区的重要组成部分。按照国家重点生态功能区转移支付政策,四川藏区32个县全部被纳入国家重点生态功能区转移支付范围。重点生态功能区转移支付政策从2008年设立三江源生态保护区转移支付起,2010年国家通过《全国主体功能区规划》后全面实施（见表7-6）。重点生态功能区转移支付标准按照各生态县市财政收支缺口、人口规模、可居住面积、海拔、温度等因素进行测算，然后打包统一划拨到省，由省统筹分配到相关市县，同时也对省级生态功能较为重要的县市给予引导性补助，并逐年加大转移支付力度。截至2016年，中央财政累计向四川藏区下拨重点生态功能区转移支付74.38亿元，人均享受生态功能区转移支付约3338元，有力促进了藏区生态环境保护与社会民生发展。

表7-6　　　　　国家和四川生态功能区转移支付补偿有关政策

时间	颁布机关	政策名称	主要内容
2009.12.11	财政部	国家重点生态功能区转移支付（试点）办法	提出了支付的原则、支付范围及分配办法与激励约束办法等，规定："国家重点生态功能区转移支付按县测算，下达到省，省级财政根据本地实际情况分配落实到相关市县。""连续3年生态环境恶化的县区，下一年度将不再享受该项转移支付，待生态环境指标恢复到2009年前水平时重新纳入转移支付范围"
2010.12.21	国务院	全国主体功能区规划	明确提出"适应主体功能区要求加大均衡性转移支付力度"，"通过明显提高转移支付系数等方式，加大对重点生态功能区特别是中西部重点生态功能区的均衡性转移支付力度"
2011.7.19	财政部	国家重点生态功能区转移支付办法	根据《全国主体功能区规划》确定支付范围，测算办法："某省（区、市）国家重点生态功能区转移支付应补助数 = ∑ 该省（区、市）纳入转移支付范围的市县政府标准财政收支缺口 × 补助系数 + 纳入转移支付范围的市县政府生态环境保护特殊支出 + 禁止开发区补助 + 省级引导性补助"。参照《全国生态功能区划》，对省级生态功能较为重要的县市按照其标准收支缺口给予引导性补助
2013.4.16	省人民政府	四川省主体功能区规划	规划提出：加大对重点生态功能区和农产品主产区的均衡性转移支付力度，建立完善县级基本财力保障机制，增强限制开发区域基层政府实施公共管理、提供基本公共服务和落实各项民生政策的能力。建立生态环境补偿机制和生态环境保护奖惩机制，加大对重点生态功能区的支持力度。探索建立生态环境受益地区对重点生态功能区的横向援助机制

7.2.2 现行生态补偿机制存在的问题

1. 补偿政策法规不健全，操作实施性不强

目前，国家已制定出台了《矿产资源法》《森林法》《草原法》《湿地保护管理规定》《国家重点生态功能区转移支付办法》等相关法律法规，为四川藏区开展生态补偿提供了法律依据，但缺乏水、风、光能等资源开发补偿的相关法律法规。同时，由于相关产权制度不完善，现行生态补偿法规和政策大多缺乏对各利益相关者权利、义务、责任进行明确界定，对补偿内容、方式、标准和实施措施缺乏具体规定，原则性要求和模糊表述较多。如《湿地保护管理规定》中规定："因保护湿地给湿地所有者或者经营者合法权益造成损失的，应当按照有关规定予以补偿"。

2. 补偿管理职责交叉，协调整合机制缺乏

受国家管理体制等影响，目前四川藏区生态补偿管理涉及林业、农业、国土、财政等多个行政部门，各类生态补偿工程和转移支付都是由相关部门牵头管理，从而形成多个部门分割管理的格局。同时，由于部门间缺乏统一、明确的分工和协调，各部门管理职责相互交叉，因此在资金投入、项目建设和监督管理等方面难以形成合力，推诿的事情时常发生，导致生态补偿资金使用效率低下。例如，林业、草地、湿地等具体建设项目工程，既可以申报国家生态补偿专项资金，也可以申报国家重点生态功能区转移支付资金，导致国家资金重复交叉投入等问题。另外，由于生态补偿管理机制不健全，在实际生态补偿工作中逐步形成了以部门为中心的利益受益机制，部门利益化和利益部门化倾向突出，导致生态保护与受益脱节。

3. 生态补偿主体单一，资金来源渠道狭窄

目前，四川藏区生态补偿机制初步形成，但补偿资金主要来源于中央财政资金，其他渠道资金来源相对较少。一是省内补偿资金投入不足，由于四川省级财力有限，省市之间的纵向生态补偿转移支付较少，除岷江流域初步建立起省内上下游生态补偿转移支付机制外，金沙江、大渡河、雅砻江等流域都尚未建立起相应的补偿机制。二是跨区域间的横向补偿机制缺乏，由于缺乏国家层面的统筹协调，长江、黄河流域上下游省市间、生态保护地区与经济发达地区、生态贡献地区与生态受益地区间的横向补偿机制尚未建立。三是市场化补偿机制尚未形成，由于政策制定、设计等方面的原因，碳汇交易项目资金来源较少，国际性贷款补偿资金投入更少，企业团体和居民个人参与生态补偿的机制和途径缺乏，导致市场化补偿资金来源严重不足。

4. 生态补偿标准偏低，参与积极性不高

四川藏区生态补偿政策随着国家政策的调整几经变化，补偿标准也随之不断调整提高，但由于四川藏区海拔高，气温低，植物生长周期长，生态保护与建设的成本较高，现行生态补偿标准较低，难以有效弥补生态保护和建设支出，也未能充分反映四川藏区资源生态效益价值。以四川藏区现行各类生态专项补偿为例，生态公益林补贴标准是15元/亩，而公益林管护成本高于40元/亩；草原禁牧休牧轮牧和草畜平衡的牧民平均每年可享受补助2.5~7.5元/亩，但过低的补助标准不足以弥补牧民的经济损失，甚至难以满足其改善基本生活的需要；退牧还湿牧民每年将获得补助25元/亩，远低于湿地生态经济效益产出，难以有效调动藏区牧民开展退牧还湿工作的积极性。生态功能区转移支付测算标准同样偏低，现行国家重点生态功能区转移支付补助标准是以生态县标准财政收支缺口为基数进行测算，但并未充分考虑到藏区人均公共财政支出远低于全国平均水平的情况，显然难以有效满足藏区生态县社会民生发展的需要。

5. 生态补偿客体错位，受损与受偿不一致

按照"受损者受偿"的原则，生态补偿应以为生态环境保护而损失发展机会、做出贡献者为主，但目前四川藏区部分生态补偿项目却出现补偿错位甚至缺位的现象，导致受损者与受偿者不一致的问题。一是部分生态补偿对象错位，生态补偿资金不是完全补偿给了生态服务产品的供给者、生态环境的相关保护者，而是间接补偿给了相关实施部门和单位，使得部分补偿资金变相成为相关部门、场站、职工人员工资和日常运行开支的主要资金来源。如天然林资源保护工程、公益林保护工程、湿地公园生态保护工程等等生态补偿。二是补偿对象范围较窄，许多生态补偿资金主要补偿给了生态建设和环境保护直接实施者和参与者，但对因生态环境保护而利益受损的当地群众补偿不足。如天然林资源保护补偿的对象主要是森林管护人或森工企业职工，而对利益受损者或生态环境破坏的受害者却缺乏必要的补偿或赔偿。

6. 生态补偿方式单一，补偿机制缺乏长效性

目前，四川藏区生态补偿项目和工程增多，补偿力度逐渐加大，但补偿方式较为单一。一是补偿方式以资金补助和生态建设工程为主，而对于产业扶持、公共服务、智力人才援助、就业培训、农牧民生产生活方式改变等方面的补偿未得到充分重视。二是缺乏长效补偿机制，如退耕还林补偿是5年，草原生态补偿是3年，难以保障政策到期后森林和草地资源不会重新遭到破坏。三是四川藏区现有生态补偿资金使用监督管理制度尚不完善，对有关生态补偿资金的拨付、使用、验收等缺乏有效的监督管理，导致专项资金存在被挪用、占用、效率低下等问题。

7.3 国内外综合生态补偿实践和经验启示

他山之石，可以攻玉。近年来，美国、德国、巴西等一些国家，以及我国浙江、长沙湘江新区、大理等典型地区结合自身实际探索建立健全相对完善的制度框架，采取富有特色的政策措施，取得了较明显的成效，对四川藏区开展综合生态补偿具有重要的借鉴意义。

7.3.1 国外部分国家生态补偿实践

严格意义上，国外并无综合生态补偿的提法，主要为"生态服务付费"

第 7 章　四川藏区建立综合生态补偿机制研究

或"生态效益付费",但实践中内在包涵了丰富的综合生态补偿理念。

1. 美国生态补偿实践

(1) 以明确的理念指导生态补偿政策架构。美国根据对生态环境进行开发需要付费的、对环境产生污染破坏的行为需要赔偿的指导思想建立了生态补偿政策体系。明确规定受生态环境保护的受益者有义务向生态环境提供者支付费用,环境投资者有权从环境保护中获得收益。美国在明确政府承担主体责任的基础上,对生态补偿产品和服务按照市场需求不断创新,并通过许可证制度对产品的设计、生产、销售进行色认证,加强对能源的利用,减少对环境的破坏,使生态产品和服务商品化。同时,美国政府颁布了《综合环境反应、补偿与责任法案》《超级基金法》等法律法规,对生态补偿的资金来源以法律的形式进行明确的保障。

(2) 运用科学方法确定补偿标准。美国依托强大的科技手段,运用成本收益法、随机评估法、综合测定等方法测定补偿标准。如在推行的土地退耕补计划(CRP)中,通过竞标确定生态补偿的标准。决策部门在对申请者提供的该地区近3年来土壤污染、空气变化、水质变化等信息初步分析后,要求其提供详细的实施计划书,说明对此次生态保护行为的最低补偿价格,在此基础上根据申请者接受的最低补偿报价,运用成本效益法则,根据每一美元支出后获得的环境收益对申请者进行筛选。自从1990年开始,美国建立了一个综合指标体系,即环境受益指数(EBI),用来确定适合的参与者享受生态补偿的优惠政策。

(3) 构建政府和市场双牵头的补偿模式。在通过政府发挥作用方面,采取"由政府购买生态效益、提供补偿资金"的方式直接进行补偿。如按联邦政府占75%、州政府占25%的财政出资比例设立废矿恢复治理基金来改善生态环境。在通过市场发挥作用方面,具有代表性的有:一是绿色偿付,如为保护美国中西部的沼泽草地的生态环境,德尔塔水禽协会制定"承包沼泽地"计划,由其与农场主签订合同,按照每年17美元/公顷的保护费、每年74美元/公顷的野鸭栖息的修复费的标准承包沼泽地,租金支付给农场主,鼓励农场主恢复沼泽地生态环境;二是配额交易,通过法律、法规、规划或者许可证制定了环境容量和自然资源使用的限量标准和义务配额，若超额或者无法完成配额，则需通过市场购买相应的信用额度；三是生态标签体系，如对在保护生态和自然的前提下生产的农副产品贴上认定标签，通过消费者的选择为这些产品支付较高的价格，间接偿付保护自然的代价。

2. 德国生态补偿实践

（1）注重发挥政府补偿的主体作用。德国政府强调自身在生态补偿中的主体作用，通过全部承担或主导承担补偿费用的方式实施生态补偿。主要有：直接运用财政收入进行补偿，德国专门成立矿山复垦公司，所需资金按联邦政府占75%、州政府占25%的比例分担；生态补偿基金制度，如德国新开发矿区业主预留企业年利润3%的复垦专项资金，对因开矿占用的森林、草地实行等面积异地恢复；区域转移支付制度，如建立州际间横向转移支付制度，富裕地区直接向贫困地区转移支付等方式，通过改变地区间生态利益格局实现公共服务水平均衡。

（2）推行流域（区域）合作补偿模式。德国易北河的生态补偿机制比较典型。易北河上游在捷克，中下游在德国。为长期改良农用水灌溉质量，保持两河流域生物多样性，减少流域两岸排放污染物，捷克与德国达成共同整治易北河协议，并成立由行动计划组、监测小组、研究小组、沿海保护小组、灾害组、水文小组、公众小组和法律政策小组八个小组组成的双边合作组织治理易北河污染。

（3）建立多元化的补偿资金来源渠道。德国为实施生态补偿，通过多源渠道筹集资金，对相关行为人提供较强的正向激励。如在农业生态补偿方面，主要以政府补助为主，资金来源主要是欧盟、德国联邦政府、州政府三个渠道。在易北河流域整治方面，主要以排污费、财政贷款、研究津贴、下游对上游经济补偿为主。此外，为实施区域转移支付制度建立的州际平衡基金，其资金来源主要为各州一定比例的销售税、富裕州的补助金等。

3. 巴西生态补偿实践

（1）建立独特的生态补偿转移支付制度。巴西各州政府收入的主要来源是工业产品税（ICMS）。巴西联邦宪法规定州政府应将工业产品税收收入的25%转移支付给地市政府，而这其中的75%以税收返还的形式返还给地市政府，剩余的25%则由州政府自行决定转移支付因素进行分配。1992年，巴拉那州第一个将生态标准引入到工业产品税的再分配过程，即根据资源状况、水土流失控制状况、固废管理及保护单位进行生态补偿转移支付，之后这一做法在巴西其他州推广应用。

（2）注重完善生态补偿法律体系。1987年，巴西提出生态补偿条例。1996年，国家理事会制定了更加符合当时形势的法案。此次法案修改了先前补偿条例，同时也确立了新的保护区范围，生态补偿有了更加严格的生态补偿资金保障。2000年，国家补偿系统通过国家审批。2000年7月，国会补充法案详细说明了申请许可权的条件，并设立了国家自然保护区制度。2002年8月，联邦政府又补充推出了新法案，划分了必须支付补偿资金的优先顺序。

（3）建立多元的生态补偿资金来源渠道。巴西除财政资金外，建立了多元化生态补偿资金来源渠道。主要包括：开发商缴纳相应的资金赔偿，由环境机构收取费用并依据有关规定直接投入到保护区建设；国家环境基金会（FNMA），该基金会的资金主要来自巴西国家银行与国际发展银行签署的贷款，技术合作协议中规定的用于支持"气候改变和沙漠化的知识"的300万欧元，依据巴西环境犯罪法案规定，收取环境犯罪和违反环境条例造成的罚款总资金的10%。

7.3.2　国内典型地区综合生态补偿实践

国内开展综合生态补偿起步较晚，近年来，一些典型地区先行先试，在开展综合生态补偿方面进行了有益的探索。

1. 浙江省综合生态补偿实践

（1）健全生态补偿的政策架构。浙江省明确表示生态环境保护是各地政府必须确保完成的职责任务，按照"统筹协调、共同发展；循序渐进、先易后难；多方并举、合理推进"原则，以省对市、县财政结算单位为计算、考核和分配转移支付资金的对象，在加大财政转移支付中生态补偿力度的前提下，强化考核，兑现或扣减相应的补助和奖励。积极探索区域间的生态补偿方式，加大对贫困地区社会事业的支付力度，通过鼓励异地开发、下山脱贫、生态脱贫、"大岛建小岛迁"等行之有效的生态补偿方式，支持欠发达地区加快发展。健全生态环境破坏责任者经济赔偿制度，全面实施主要污染物的排放总量控制计划，切实加大超标排放处罚力度，处罚所得资金由各级财政充实环境污染整治专项资金；严格执行跨行政区河流交接断面水质管理制度，导致水质达不到规定标准的责任方，政府应采取切实有效的措施，限期实现交接断面水质达标；因上游地区排污导致水质不达标，对下游地区造成重大污染的，上游地区应给予下游地区相应的经济赔偿。积极探索市场化生态补偿模式，初步建立了资源使（取）用权、排污权交易等市场化的生态补偿模式，探索建立了区域内水污染物、二氧化硫等空气污染物排放指标有偿分配机制，在排污总量控制和污染源达标排放的前提下，逐步探索推行政府管制下的排污权交易。

（2）畅通多元化的生态补偿资金来源渠道。一方面，浙江省积极发挥财政资金在生态补偿中的激励和引导作用，设立重点生态功能区建设示范试点专项资金，根据全省经济社会发展和财力增长状况，逐步增加预算安排，对重点生态功能区进行财力支持。另一方面，按照"谁投资、谁受益"的原则，引导市场资金参与生态建设、环境污染整治设施的投资、建设和运营，建立起政府引导、市场推进、社会参与的生态补偿和生态建设投融资机制。

（3）实行奖惩结合的生态补偿方式。主要包括：省内横向生态补偿，浙江绍兴市汤浦水库、台州市长潭水库等从自来水水费中提取一定资金，设立专项资金专门用于上游的环境污染治理；跨省流域生态补偿，2012～2014年，浙江省、安徽省界的新安流域成为全国首个跨省流域生态补偿机制试点，补偿资金每年5亿元，其中中央财政3亿元，浙江省、安徽省各1亿元。按照约定，年度水质达到考核标准，浙江拨付给安徽1亿元；水质达不到标准，安徽拨付给浙江1亿元；推行市场化生态补偿模式，浙江省东阳和义乌开展水权交易，东阳市将境内5000万立方米水的永久使用权让给下游义乌市，成交价格是4元/立方米。浙江金华市设立"金磐扶贫经济开发区"，作为该市源头地区磐安县在下游异地开发建设的生产用地，产生的税利全部返回上游地区，实现对国家级生态示范区的利益补偿。

2. 长沙湘江新区探索建立综合性生态补偿实践①

（1）健全综合性生态补偿的组织管理体制。湘江新区按照"谁受益谁补偿、谁破坏谁赔偿"的原则，探索建立了绿色绩效考核体系，由湘江新区管委会负责统筹组织实施，高新区管委会、岳麓区政府、望城区政府为各自辖区生态补偿试点工作责任主体，负责建立生态保护责任机制，监督组织和下拨生态保护补偿资金的管理使用，并配合做好生态补偿试点环境监测工作。

（2）明确综合性生态的补偿重点。印发《湘江新区生态补偿试点方案》，针对范围内生态自然资源资产基础性资料不足的情况，补偿试点采用综合性生态补偿，覆盖流域、湿地、山体、农田等多方面内容，对因保护重点生态功能区影响了村级经济发展的涉农行政村实施综合型生态补偿。同时，鼓励试点村在现状基础上，主动实施生态修复及治理来提升生态环境质量，并给予治理补助，充分调动其工作的积极性。

（3）加大财政资金投入和考核力度。湘江新区管委会每年安排不少于3000万元的生态补偿试点专项资金，实施周期为3年。对每个村从过境河流、水库的水质、村内五小企业的排查、涉水（气）企业的环境状况、垃圾和秸秆焚烧情况、森林覆盖率、基本农田占用及农药化肥使用情况等进行综合考核并划定等次，等次上升者可获得高等次补偿资金，反之，等次下降者不能获得补偿资金。同时，补偿期间发现有严重破坏生态情况的，取消生态补偿资格。

3. 大理洱海流域构建综合生态补偿实践②

（1）健全生态补偿的法制保障。为推进生态补偿，保护洱海流域生态环境，大理州制定了《大理白族自治州洱海管理条例》《大理白族自治州湿地保护条例》以及相关的村规民约。同时，还制定了《洱海滩地管理办法》《洱海流域垃圾污染物处置管理办法》《洱海水污染防治实施办法》《洱海水政实施

---

① 李杨. 湘江新区：探索建立综合性生态补偿机制［N］. 中国经济导报，2016-08-26（A03）.
② 中共云南省大理市委. 建立洱海流域生态补偿机制的实践和探索［J］. 中国财经信息资料，2012（18）：22-28.

管理办法》等配套的规范性管理文件。

（2）多渠道落实补偿资金的来源。洱海流域多渠道落实补偿资金的来源包括以下方面：一是财政预算安排，从2011年起，州级财政每年安排预算内资金不低于3000元；洱海流域的大理市、洱源县逐年增加本级财政年度预算内资金，并随着财政收入同比增长；二是征收相关税费，征收洱海水资源费和洱海风景名胜资源保护费，所征收的费用全部投入洱海保护治理；三是争取各级项目、资金支持，积极实施各类洱海保护治理项目30项，争取中央、省级和州级财政补助；四是银行贷款和社会融资，成立大理市洱海开发投资有限责任公司，争取银行贷款和民营资金投入，先后争取到用于洱海保护的银行贷款7000万元，率先在云南省采用BOT方式，引入民间资金进行污染处理。

（3）探索实践灵活多样的补偿方式。形式多样的生态补偿是综合生态补偿的重要方式，洱海流域做出了重要探索，这些补偿主要包括：一是地区补偿，州财政每年补助洱源县1500万元的生态补偿费用，支持洱源县实施以集镇截污治污和湿地净污为重点的生态基础设施体系；二是项目补偿，云南省人民政府实施洱海保护治理"六大工程"34个子项目，概算总投资达30亿元；三是移民补偿，通过生态移民补偿实施洱海流域撤村并点，鼓励洱海流域渔民、农民带着资源、资产、资金进城，减轻农户对洱海的直接污染；四是企业补偿，对洱海保护治理做出贡献的相关企业按照相应的标准补偿；五是农户补偿，通过测土配方施肥技术的推广应用，发放施肥建议卡，对农户购买使用有机肥财政每吨补偿200元，引导和鼓励洱海流域农民购买使用有机肥，减少传统化肥和高浓度农药的使量，增强其参与洱海保护的自觉性。

7.3.3　国内外综合生态补偿实践的经验启示

通过以上对国内外典型地区生态补偿实践的分析，从中可以得到以下几个方面的经验启示。

1. 政府承担主体责任是综合生态补偿的前提基础

生态补偿是对环境保护做出贡献的补助。从本质上而言，由于生态环境作为公共产品，具有强烈的正外部效应，决定了这一经济活动存在市场失灵，要求政府介入并发挥重要作用。因此无论是美国、德国、巴西等国家，还是我国浙江省、湖南湘江新区和大理洱海地区，政府注重发挥主导作用，按照"受益补偿、损害赔偿"的理念，做好生态综合补偿政策机制的顶层设计，大力整合生态补偿资金和资源，特别是我国湖南湘江新区，更是细化政府责任，积极统筹协调，加强部门与地区的密切配合，克服多部门分头管理、各自为政的现象，加大考核力度，有效推进了综合生态补偿机制的建立并顺畅运行，并都取得了积极的效果。这些国外的实践经验也告诉我们政府补偿可以发挥很好的作用，政府应该成为综合生态补偿的重要执行主体。

2. 拓宽补偿资金来源渠道是综合生态补偿的关键支撑

补偿资金的来源问题是建立实施综合生态补偿的首要问题，只有建立以政府财政为主、市场资金为补充的资金来源渠道才能确保综合生态补偿的持续推进。从国内外生态补偿实践来看，尽管政府财政资金是生态补偿的主要资金来源渠道，如德国政府仍是生态效益的最大"购买者"，但美国、巴西等国家和大理洱海地区的经验还表明，通过市场机制筹集资金也可以发挥积极作用，如美国实施配额交易、德国征收排污费、浙江引导市场资金参与生态建设、环境污染整治，大理市成立洱海开发投资有限责任公司向银行借款等，都注重调动市场的力量来筹集资金，成为综合生态资金补偿的重要补充渠道。

3. 确定合理的补偿方式是综合生态补偿的核心环节

科学的综合生态补偿方式有利于更好地明确综合生态补偿双方的权利和责任，充分调动各方积极性，更好的实现综合生态补偿的目的。国内外生态补偿实践注重政府与市场补偿相结合，通过实施"输血型"的货币支付和"造血型"的项目补助达到政策目的。在"输血型"面，除直接的财政补贴外，一些国家和地区强化横向联动，如美国建立绿色偿付机制，德国实施易北河跨流域合作补偿、开展州际间横向转移支付，浙江跨省流域生态补偿，有效调动了保护主体的积极性和主动性。在"造血型"项目补助方面，如洱海将补偿资金转化为技术项目安排到补偿对象，对治理污染贡献的企业给予补助、对适用有机化肥的农户给予购买化肥补贴,进而实现其保护生态环境的目的,有效促进了扶持补偿对象的可持续发展。

4. 建立健全法律法规体系是综合生态补偿的重要保障

明确国家、地方、资源开发利用者和生态环境保护者的权利和责任,是建立综合生态补偿的长效机制的重要保障。国内外地区都制定了关于综合生态补偿的法规或纲领性文件。如美国、巴西生态补偿法律体系对各利益相关者权利义务责任界定及对补偿内容、方式和标准进行了明确的规定,并根据新的生态问题和生态保护方式,及时对现行法律进行不断修订。大理也出台了系列的法律法规,对洱海生态流域生态补偿进行了明确的规定。这些法律法规的出台使生态补偿政策顺利实施,进而为实现生态环境的保护提供了强有力的制度支持。

7.4 四川藏区开展综合生态补偿的思路和原则

7.4.1 综合生态补偿的基本思路

1. 政府主导与市场机制相结合

生态补偿的根本目的是为了促进生态环境的改善,为经济社会发展创造了良好的生态环境,因此生态环境属于公共产品,具有明显的外部性,国家、地方政府、企业、社会组织及公民等均不同程度受到生态环境保护的外部性影响而受益。作为生态保护的主体而言,尽管其也受到生态环境改善的正面影响,但也会承担因保护生态环境导致的相关生态工程建设成本、生态功能恢复成本和为保护而放弃发展的机会成本等损失。生态补偿就是要调节生态保护利益相关者之间的利益关系,通过受益方向受损方的补偿实现公平与效率统一,调动各方面保护生态环境的积极性。作为公共产品而言,政府是提供主体,也是受益最大的利益相关方，因而生态补偿制度的构建必须强化政府职责，通过财政、税收等公共政策协调相关利益，中央政府作为受益最大的主体，理应主导角色。当然，政府提供生态产品也可能存在"政府失灵"的情况，需要发挥市场机制作用来弥补。生态环境本身具有的资本属性也为生态补偿制度中的市场机制的发挥创造了条件，通过一对一的直接交易和配额交易可以有效地解决跨区域的生态补偿问题。

2. 专项补偿和综合统筹相结合

当前，四川藏区生态补偿是通过中央政府专项财政转移支付形式来实现，由于没有统一的生态补偿管理部门，发改、财政、环保、国土、林业、农业、水利等职能部门只能在各自业务领域开展生态补偿工作，生态补偿缺乏整体性和协调性，使藏区生态补偿没有统一的计划和规划，在项目和资金争取方面注重眼前和局部利益，阻碍了生态补偿资源的整合，降低了生态补偿资金的使用效率。在国家行政管理体制和财政体制未做相应调整的情况下，一方面，应继续强化专项生态补偿的作用，持续扩大各类生态补偿资金的规模，并延长期限，确保生态补偿资金投入的稳定性；另一方面，应强化资金投入与使用的统筹协调，改变长期以来各部门分头管理生态补偿资金的状况，设立相关的专门管理协调机构，加强生态补偿专项资金的统筹使用和管理，避免政府监管失灵。

3. 纵向补偿与横向补偿相结合

作为公共产品或公共服务，生态环境具有显著的跨区域性，因此在一国范围内，它既有全国属性，又具有鲜明的地域属性。全国性的生态服务理所当然应由中央政府财政支出来解决，而具有地域属性的生态服务应该由区域内所有受益者共同承担。建立生态补偿机制的核心就是要促进区域利益的公平，一方面需要国家通过公共政策的调节，另一方面也需要健全区域间的利益补偿机制。目前在藏区开展的生态补偿政策以国家财政资金投入的为主，且已形成相对稳定的制度，而跨地区的横向补偿机制尚不健全。四川藏区综合生态补偿制度的构建，首先要强化国家主体责任，立足于区域经济发展滞后、民生欠账较多、生态环境脆弱的实际，继续加大藏区生态保护投入和生态补偿方面的财政转移支付，提高藏区地方政府和百姓保护生态的积极性。但纵向的补偿没有体现出市场经济基础上的特定区域在经济与生态的分工以及生态服务的市场交换关系，没有解决生态保护的外部性问题。因此，还要加快完善横向补偿机制，在明细资源环境产权关系的基础上，按照"谁受益谁付费"的原则建立跨区域的横向转移支付制度，以此作为纵向补偿的补充。

4. 经济补偿与其他补偿相结合

当前，四川藏区生态补偿主要是现金补偿，受偿者在得到现金补偿后并不能保证其用于自身发展，尤其是不能直接投资于民生改善、产业发展等事关当地群众长远发展的领域，而是用于自身的短期消费，不能有效地改善受偿者的生计，影响受偿者的后续发展能力和生活水平持续提高。因此在藏区综合生态补偿机制建设时，在采用现金补偿的同时，应根据受偿者的需求以及区域经济社会的发展实际，积极采取其他补偿方式，构建合理的组合，形成多样化的生态补偿方式。一方面，应强化民生领域的补偿，加大生态移民力度，提高教育医疗、就业培训等公共服务质量，提升藏区居民人口素质，增强自身"造血"能力。另一方面，应给予四川藏区一定的投资政策倾斜，改善当地投资环境，促进生态经济适度集聚，从而实现四川藏区经济、社会和自然的协调发展。

5. 省级统筹与州县实施相结合

四川藏区建设综合生态补偿机制是一项开创性工作，与当前各部门分头实施的模式存在较大的差异。借鉴国内外经验，结合四川藏区实际情况，应在国家有关部委的指导下，加强多层面的统筹协调。一方面，强化省级层面的领导和统筹，建立省级层面的生态补偿协调机制，对接国家生态补偿的有关政策，整合有关生态补偿的内容以及各种渠道的生态补偿资金和项目，根据四川藏区生态环境情况，制定四川藏区生态补偿的相关重大规划和政策，合理分配相关资金和项目，克服多部门分头管理、各自为政、资金项目分散的现象。另一方面，州县地方政府应根据区域生态环境情况，据实上报有关生态补偿的资金和项目需求作为上级下达指标计划的依据，科学使用综合生态补偿资金，落实相关生态补偿项目,加强确保综合生态补偿机制顺利实施(见图7-1)。

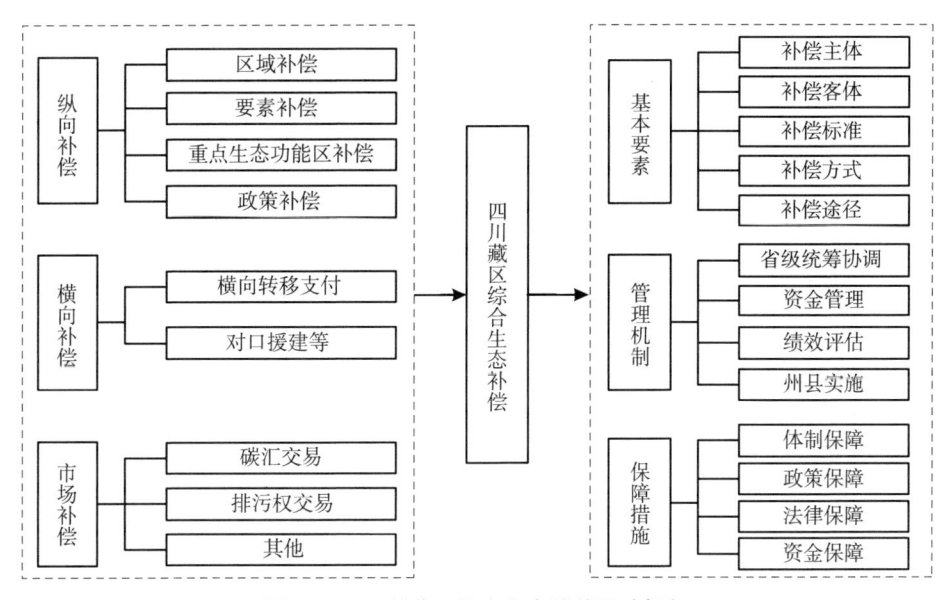

图7-1 四川藏区综合生态补偿思路框架

7.4.2 综合生态补偿的原则

保护受益,破坏付费。生态环境的公共属性和外部性,要求在四川藏区生态环境补偿机制的建设必须坚持"谁保护谁收益,谁受益谁付费,谁破坏谁补偿"的原则,对保护者投入的生态建设成本及承受的牺牲经济发展的机会成本等社会成本进行补偿,补偿的成本由生态环境建设的受益方和破坏方共同承担,以此调动各方保护生态环境积极性,促进生态保护社会成本内部化。

落实责任,明确主体。四川藏区生态补偿机制的建设必须要落实政府的主体责任,在制定和执行生态补偿机制和相关政策过程中,政府要加强指导和协调,相关部门要密切合作,在有关生态补偿的规划、技术、标准、协调、执行、评估等环节履行各自职能。明确实现环节目标的相关利益主体,理顺生态补偿的纵向和横向权利义务关系,厘清利益相关方的责任、权利和义务,做到权责均衡和统一。

以人为本，多方受益。四川藏区农牧民生活水平普遍偏低，贫困问题较为突出，当地百姓的生计来源与生态建设和保护有着密切关系。综合生态补偿机制要充分考虑居民生存与发展的需求，更多地关注人的发展权利，在通过生态补偿提高保护生态环境的能力的同时，还要逐步增强受偿区居民及区域自我发展能力，由"输血"转变为"造血"，使其生活水平持续提高，实现激励相容，达到多方受益的效果。

科学合理，易于操作。综合生态补偿机制是打破过去以要素管理为基础的管理体制框架而建立的全新制度，应充分考虑其科学性、合理性和可操作性，遵循系统性原则，统筹事前保护与事后治理，科学合理安排受偿地区补偿标准、补偿方式、补偿途径等，建立与综合生态补偿制度相适应的管理机制、配套政策体系及具体操作流程，实现与现行生态补偿机制的有效衔接和平稳过渡。

统筹规划，分步实施。四川藏区综合生态补偿机制涉及面广、操作流程复杂，需要围绕区域生态环境保护目标做好生态补偿机制实施的相关配套规划。生态补偿机制的实施步骤应遵循先易后难的原则，先期整合中央和省政府下达四川藏区的生态补偿资金和项目资源，实现垂直生态补偿的有效整合；在此基础上按照先省内后省外的原则建立横向生态补偿机制，按照市场化原则加快建立适应区域特点的生态补偿机制，实现横向转移支付与纵向转移支付的有效整合。

7.5 四川藏区综合生态补偿机制的总体框架

按照"谁受益谁补偿、谁破坏谁恢复、谁污染谁治理、谁保护谁受益"的原则，围绕"谁来补、补给谁、补多少、如何补、如何管"等核心内容，加快建立以补偿主体、补偿对象、补偿标准、补偿方式、监督管理为主要框架的综合生态补偿制度，逐步形成补偿主体和补偿对象明晰、补偿标准合理可行、补偿方式灵活多样、监管评估公平公正的制度体系。

7.5.1 补偿主体

明确四川藏区综合生态补偿主体，即明确"谁来补"。生态产品作为公共产品，其正外部性明显，根据"外部性理论"，生态环境的受益者和生态环境的破坏者是生态补偿的主体。

1. 中央政府和省级政府的纵向补偿责任

四川藏区属长江、黄河源区和两大水系的主要水源涵养地，是多种珍稀动植物的生存繁殖地区，其生态环境对维系长江流域乃至全国生态安全具有重要作用。由于生态环境具有明显的公共产品属性，中央和省级政府对于生态保护负有重要责任。就生态产品正外部性影响范围而言，中央政府是四川藏区生态环境的最大受益主体，是四川藏区生态补偿的主要主体，对四川藏区生态保护与环境治理负有主要责任。省级政府也是四川藏区生态的重要主体，与中央政府按照权责匹配原则，对四川藏区经济社会民生发展承担相应的补偿责任。

2. 生态受益地区政府的横向补偿责任

四川藏区是长江黄河上游生态的安全屏障，为全国流域生态安全做出了巨大贡献。省外东中部、流域中下游地区以及省内重点开发区域作为四川藏区生态受益地区，是横向补偿责任主体。省外东中部、流域中下游地区以及省内重点开发区域的地方政府代表生态受益地区购买生态产品，承担补偿主体角色。要加快建立完善横向补偿机制，引导和鼓励开发地区、受益地区与生态保护地区、流域上游与下游地区之间，采取资金补助、对口支援等方式实施横向生态补偿。

3. 生态受益地区企业、居民、社会团体和非政府组织的市场化、多元化补偿责任

从国内外实践经验来看，市场化、多元化的生态补偿主体，是弥补以政府为主的单一主体补偿能力不足问题的有效途径。从四川藏区生态环境的外部效应涉及的领域来看，省内重点开发区域以及省外东中部、流域中下游地区的企业、居民、社会团体和非政府组织等，也是四川藏区生态受益者，要为使用生态产品分担相应成本，承担补偿主体的责任。尤其是生态受益地区直接利用生态产品获利的产业以及企业作为重要的受益者，要通过市场化机制对藏区重点生态功能区生态环境保护与建设进行补偿。

7.5.2 补偿对象

明确四川藏区综合生态补偿对象，即明确"补给谁"。生态补偿的对象应当是生态产品的供给者。要按照"谁保护、谁受益"原则，明确补偿对象，对于提高生态产品的供给意愿和供给能力具有重要意义。

1. 自然资源资产产权是生态补偿的载体

自然资源产权主要指森林、草原、湿地、耕地、水流以及矿产资源等自然资源资产的所有权、使用权、收益权和转让权为主的产权体系。自然资源资产产权直接关系到自然资源资产的归属关系是否清晰、主体责任和权利是否明确，从而关系到自然资源资产能否得到有效保全、能否得到合理利用、能否实现应有的效果。自然资源资产产权作为生态补偿的载体，明确四川藏区各类自然资源资产产权是界定生态产品提供方、确定生态补偿对象的基础，也是生态产品在市场经济准则下进行交易的前提。

2. 生态产品提供区地方政府是生态补偿的宏观对象

生态产品提供区地方政府即四川藏区州县地方政府，承担着生态建设、环境治理、自然资源用途管制、引导产业转型发展等多项职责，为保护生态付出了人力物力，并放弃了发展机会造成税收等收益损失，导致政府提供公共物品的能力不足，应通过财政转移支付等手段，增强地方政府提供公共服务和生态产品的能力。

3. 生态产品提供区居民是生态补偿的微观对象

四川藏区居民作为自然资源的具体使用人，以自然资源开发为生计，但为了生态环境保护，放弃了自然资源开发和使用，导致收入大幅减少；同时四川藏区居民又负担了生态保护责任，为生态环境保护做出贡献，因此应合理加大对四川藏区居民的补偿力度，保障藏区居民实际生活水平不因生态保护而下降，进而保障生态保护和建设项目的良性实施和可持续发展。

7.5.3 补偿标准

明确四川藏区综合生态补偿的标准，即明确"补多少"。生态补偿标准既要充分反映生态产品提供者的生态贡献，又要考虑补偿主体的补偿意愿和能力，既要科学合理，又要现实可行。

1. 基于生态贡献的补偿标准测算

四川藏区生态补偿标准的确定主要依据以下内容：

一是生态产品提供者为实现生态功能而付出的直接投入和机会成本。直接投入，即实际支出用于生态环境的保护、建设、修复等各种行为成本费用加总，是补偿标准中较容易计算的部分。机会成本，即因保护生态环境而丧失发展机会的居民生活水平和政府财政收入减少部分。机会成本的测算，可采用与生态功能区自然条件相近但未受到生态保护影响经济发展地区（或相邻区域）人均水平作为参照对象，估算出发展权限制造成的经济损失，作为核算生态补偿额度的参考。测算公式如下：

生态功能区经济损失量 =（参照地区人均国内地区生产总值 − 生态功能区人均国内生产总值）× 生态功能区人口规模

生态功能区居民收入损失量 =（参照地区居民人均可支配收入 − 生态功能区居民人均可支配收入）× 生态功能区人口规模

生态保护的直接投入与机会成本总和是生态补偿的最低标准，低于最低补偿标准将严重影响受偿方的生态保护意愿和保护项目的实施。

二是生态受益者因生态环境资源使用获利而应承担的补偿部分。由于生态产品提供者的环境保护行为具有外部性特点，生态受益者（尤其是因使用生态环境资源而获利的生态受益者）应对本身所享有的产品和服务进行支付。外部性内部化方法有两种,即市场机制与政府干预。市场机制确定补偿标准的方法较为简单易行,即通过产品或服务的市场交易价格和交易量来计算补偿标准,如排污权交易、水权交易、碳汇交易等。政府干预方式主要有开征资源税、设立生态补偿基金等。

三是生态产品提供者所提供的生态服务功能价值。生态服务功能价值的测算,需要对生态产品(如水土保持、水源涵养、气候调节、生物多样性保护等)的价值进行综合评估与核算。生态服务功能价值是补偿标准中最难测算的部分,就目前情况而言,由于在指标采集、价值估算等方面还没有统一的标准,且生态系统服务功能与现实的补偿能力之间存在较大的差距,只能将生态服务功能计算出的补偿标准作为补偿的参考和理论上限值。

2. 基于利益博弈的补偿标准确定

生态补偿标准确定的另一重要考虑方面是补偿主体的补偿能力。补偿主体的经济发展水平、收入水平、对生态补偿的认识水平、对生态补偿的效果和将来继续受益的预期程度等都直接影响着补偿标准的确定,如果支付标准超过补偿主体的支付能力,会使得生态补偿在现实中难以实现。

从实践来看,很少有生态补偿标准能够通过严格的理论测算并付诸实施,更多的则是采取利益相关方协商的方法,通过协商确定补偿方和受偿方都能接受的补偿标准。结合四川藏区实际情况,综合生态补偿标准应以生态保护的直接投入与机会成本总和为补偿下限,以生态受益者获利的补偿和生态服务功能价值估值为参考上限,根据补偿主体的补偿能力,最终确定综合生态补偿标准。

3. 补偿标准动态调整机制的建立

由于综合生态补偿具有长期性特点,补偿标准需要具备相应的动态调整机制,应以生态投入成本增长、物价指数上涨、生态地区居民收入增长状况等作为动态补偿的依据,对补偿标准进行动态调整,实现补偿资金投入规模合理增长,促进生态地区农民增收。

7.5.4 补偿方式

明确四川藏区综合生态补偿方式,即明确"如何补"。应遵循"政府与市场、专项与综合、纵向与横向、经济与政策、省级与州县"五个结合的基本思路,综合运用财政补偿、政策补偿和市场补偿等手段,探索四川藏区综合生态补偿的有效方式。

1. 财政补偿

政府财政转移支付是目前生态补偿实践活动的主要补偿方式。按照补偿主体的不同可以分为纵向补偿和横向补偿两个层面。

(1)纵向补偿。财政纵向补偿资金细分有三类,分别是一般性转移支付、专项转移支付和税收返还。完善中央和省级财政纵向补偿机制,应针对实践中反映出来的生态补偿制度突出问题,进一步提高一般性转移支付规模和比重,促进专项转移支付向制度化发展,健全完善中央和省级税收返还制度。

一是提高中央和省级财政一般性转移支付规模和比重。首先,进一步提高一般性转移支付标准和规模,在一般性转移支付计算时,充分考虑四川藏区经济发展状况、生产力水平、财源建设现状、财政供养人口、财力增长率及今后政策性支出增长等因素,切实加大中央和省级财政对四川藏区的一般性转移支付力度,增强藏区州县财政基本保障能力,为四川藏区提供长期的稳定的补偿资金来源渠道。其次,按照现行均衡性转移支付的制度框架和运作方式,完善藏区均衡性转移支付制度。均衡性转移支付公式为:

$$某地区均衡性转移支付 = (该地区标准财政支出 - 该地区标准财政收入) \times 该地区转移支付系数 + 增幅控制调整 + 奖励资金 + 农业转移人口市民化奖补资金$$

其中,标准财政支出测算仍按照一般公共服务、教育医疗、环境保护、农林水利等政府收支功能分类分项测算,但"环境保护支出"项目中应增加自然资源保护、生态环境质量和人口转移等细化项目,财政支出成本应更多体现海拔、人口密度、温度、地表状况、运输距离、少数民族、地方病等影响财政支出的客观因素。根据转移支付系数和现行均衡性转移支付的运作方式,中央财政针对地方标准财政支出与标准收入的差额部分的补助或补贴程度约为60%。考虑到四川藏区生态定位、发展水平差距、实现均等化等客观需求,可考虑将补贴系数定为100%,突出四川藏区在功能定位方面与其他区域的差异性。

二是促进中央和省级财政专项转移支付制度化发展。首先,改变目前生态专项转移支付的临时性和阶段性特征,根据实际需要,将专项转移支付措施(例如天然林保护、退耕还林、退牧还草、森林和草原生态效益补偿、沙漠化和石漠化治理、自热保护区生态补偿、生态移民等)制度化、长期化和持续化,巩固生态环境保护措施成果。针对目前生态专项转移支付标准过低的问题,依据补偿标准测算,将专项补偿标准逐步提高到合理区间,满足四川藏区居民生存和发展需求,增强政策可持续性。丰富转移支付手段,在现金补偿中安排部分资金用于藏区居民养老、医疗等社会保障投入,提高藏区居民社会保障水平。扩大专项转移支付范围,力争将所有涉及藏区教育、医疗、养老等社会保障项目纳入专项转移支付范围。其次,加强对现有生态环境保护专项转移支付的整合,将目前由中央和省级各部门分散管理的生态保护专项转移支付类别进行整合、归并,在各部门间建立较为通畅的相互沟通和联系机制,定期和不定期相互通报资金分配和使用信息,强化专项转移支付资金的集中使用,提高资金使用效率和效益。

三是健全完善中央和省级税收返还制度。首先,加大中央和省级财政税收返还力度,中央和省级财政不参与四川藏区增值税和所得税的税收分成,确保藏区能集中力量将所得用于藏区发展和生态保护与修复。其次,全面推进四川藏区矿产资源和水资源税改革试点,逐步推进森林、草场、滩涂等自然资源开征资源税,资源税收入全部返还资源开放地,用于资源开发地的生态保护与修复。

(2)横向补偿。横向生态补偿按照区域范围划分,其可以分为省际横向生态补偿和省内横向生态补偿。

一是推动建立省际横向生态补偿机制。积极推动和配合国家层面尽快出台

第 7 章　四川藏区建立综合生态补偿机制研究

以流域补偿为主的省际横向生态补偿相关政策、法规，明确流域中下游省份受益地区对生态保护地区进行生态补偿责任，补偿额度由中央政府决定。补偿方式为经济补偿和物质补偿。经济补偿可通过建立流域生态补偿基金的方式使横向补偿纵向化，国家根据四川省生态贡献从流域生态补偿基金中进行资金分配划拨，再由四川省级财政完成资金的对下拨付。物质补偿可以通过生态受益地区对四川藏区直接援建生态保护项目，提供物资、无形技术咨询、公共服务等方式进行补偿。

二是加快建立省内横向生态补偿机制。构建以流域补偿为主的省内横向生态补偿机制，可参照四川省"三江流域水环境生态补偿"的经验，开展藏区流域和水资源生态补偿试点，按照"污染者赔偿、改善者受益"的原则，以监测断面水质的监测结果为依据，在流域上下游市、县政府之间，实行水环境生态补偿横向转移支付。补偿方式是由省环保监测部门组织开展流域水环境监测工作，根据监测结果，按月计算当月和累计水环境生态补偿资金，报经省政府同意后，由省级财政通过与市、县财政结算方式实现市、县之间的转移支付，资金主要用于藏区等流域上游生态地区的环境保护。

2. 政策补偿

政策补偿是利用制度资源和政策资源进行补偿的一种方式。政策补偿根据补偿内容可分为产业扶持政策、生态移民政策、异地开发政策和智力补偿政策等。

（1）产业扶持政策。一是抓紧制定符合藏区生态功能定位的指导性产业政策实施目录及负面清单，严格限制不符合生态功能定位的产业扩张。严格新建项目的环境影响评价。二是围绕生态文化旅游、特色农牧业和低碳工业等生态型产业发展，制定出台税收减免、贷款贴息、人才引进等优惠政策。建立藏区生态产业帮扶基金，重点支持生态地区内基础设施配套、品种改良、先进技术引进和企业参股投资等产业项目。三是完善资源开发机制。实行资源开发权有偿获得制度，下放小型水电项目开发权，允许资源地参照市场化价格和方式招标、拍卖资源开发权，所得费用或价款大部分留给四川藏区地方使用。健全资源开发的利益共享机制，一方面制定资源开发的反哺政策，强化资源开发企业的社会责任，将部分资源开发的收益反哺资源地经济建设和社会发展；另一方面建立资源开发参与机制，鼓励地方政府、集体经济和资源地群众，共同参股水电、旅游等优势资源开发。

（2）生态移民和易地扶贫搬迁政策。一是合理划定生态移民范围，将居住在缺乏生存条件、自然灾害频发地区农村贫困群众整体划入生态移民搬迁范围，优先解决高寒、高海拔"生命禁区"农牧民整体搬迁问题。二是按照"搬得出、稳得住、能致富"的要求，将生态移民与异地扶贫搬迁相结合，生态移民搬迁工程与基础设施建设相结合，加强项目资金整合，提高资金使用效率，引导生态脆弱地区和自然保护区内居民向基础条件较好县城镇得有序转移。三是完善生态移民后扶政策，大力扶持生态移民地区特色种植业、特色养殖业、生态林果业、乡村旅游业等生态产业发展。四是制定教育与就业扶持政策，提高生态移民自我发展能力。

（3）异地开发政策。由于四川藏区属于重点生态功能区，资源环境约束很强，本地发展产业受到极大限制，可通过发展"飞地经济"模式，与发达地区共建产业园区，共同开发优势资源，实现经济发展。目前，四川藏区的甘孜州和阿坝州分别与成都、德阳、眉山等市建立了合作关系，通过共建"飞地园区"，搭建产业合作平台，完善利益分享机制，加快推进优势资源异地转化。"飞地园区"的产业项目可享受留存电量价格优惠和民族地区特殊政策优惠。实践证明，异地开发政策实施生态补偿的有效方式，应继续加大推广力度和支持力度。继续鼓励省内发达地区向四川藏区扩大投资，支持四川藏区与内地发达地区共建"飞地园区"，搭建产业合作平台，完善利益分享机制，加快推进优势资源异地转化。加大对现有"飞地园区"在基础设施、产业布局、项目、资金上的扶持力度。对投资于"飞地园区"的产业项目给予留存电量价格优惠和民族地区特殊政策优惠。

（4）智力和人才补偿政策。一是把智力和人才补偿作为省外发达地区和省内各地对口支援工作的重要内容，加强对藏区医疗卫生、教育、就业等公共服务领域的专业人才对口援助，进一步加大博士服务团、专家援藏团派遣力度。加大对藏区农业、旅游等生态产业的技术支持力度，提高藏区产业技术水平和管理水平。二是开辟藏区引才"绿色通道"，放宽机关事业单位录用急需紧缺人才的限制，对高端人才实施特殊优惠政策。三是加大藏区本土人才培养培训力度，继续实施藏区重点人才工程，有计划地组织开展藏区干部、专业技术人才到省内外地区交流挂职和岗位培训，探索建立藏区与省内外高校、科研院所人才培养合作机制，定向培养紧缺型专业技术人才。四是积极开展志愿者行动，引导和鼓励爱心人士赴藏区开展智力援助。

3. 市场补偿

生态补偿中的市场补偿是指通过市场交易调节促进生态服务的外部性内部化。市场补偿机制不仅在一定程度上有助于弥补公共财政支付能力不足的问题，而且能够创造生态经济效益，实现生态保护与经济发展的良性循环。

（1）碳汇交易。四川藏区森林碳汇资源丰富，建立碳汇交易机制，由省内外发达地区付费向四川藏区购买碳排放指标，是通过市场机制实现四川藏区森林生态价值补偿的一种有效途径。四川藏区碳汇交易制度框架应包括以下要件：一是碳汇交易主体，碳汇出让方为提供碳汇的藏区县级地方政府或者其授权的部门、林业生产经营单位以及林农，碳汇购买方为使用碳汇的省内外发达地区地方政府或者其授权的部门、碳排放企业以及个人；二是碳汇交易对象，碳汇交易是以生态地区增加的碳汇量为交易对象。从目前实践来看，碳汇量增加的主要途径有两种，即造林碳汇和森林经营碳汇。造林碳汇是通过植树造林、新增森林数量而产出的碳汇量。森林经营碳汇是通过减少采伐量、延长轮伐期及减少火灾、虫害等措施而产出的碳汇量。两种碳汇项目均有利于保护藏区生态环境和生物多样性，增加林业生产经营企业和林农收益。三是碳汇交易方式。碳汇交易首先要按照国家温室气体排放控制和管理规定，制定碳排放权交易管理办法，在完善温室气体排放统计核算体系建设的基础上，对碳排放配额进行分配。通过碳排放交易市场发布交易信息，开展自愿减排项目的挂牌交易。交易价格在参照国家指导价的基础上由市场交易定价。交易收益专门用于生态地区植树造林、减少森林采伐量，以及林业企业和林农生态保护行为的补偿。

（2）水权交易。四川省是水资源大省，但也存在分布不均、季节性缺水严重等突出问题，建立水权交易制度，明确水资源的使用权和收益权，有利于控制水资源总量与盘活存量,提高水资源利用效益。四川藏区水权交易制度框架应包括以下要件:一是用水权初次分配,天然水资源所有权归国家,并服从地方政府水行政主管部门和有关流域管理机构的统一调度管理,各级政府水行政主管部门负责初始水权的分配。对四川藏区初始水权分配,应综合考虑四川藏区水资源总量丰沛、贡献突出、利用能力有限以及水利和灌溉设施建设难度大、成本高等因素,合理分配四川藏区初始水权配额;二是水权交易主体,水权出让方为水权配额富余的县级地方政府或者其授权的部门、企业和个人,水权购买方为水权配额紧张的地方政府或者其授权的部门、企业以及个人;三是水权交易类型,按照确权类型、交易主体和范围划分,水权交易类型包括区域水权交易、取水权交易和灌溉用水户水权交易;四是水权交易规则,根据国家水利部《水权交易管理暂行办法》规定,区域水权交易或者交易量较大的取水权交易,须通过水权交易平台,公告交易意向、寻求交易对象,以水权交易平台评估提出的基准价格为协商或者竞价的基础。取水权交易可以选择通过水权交易平台、参考水权交易平台评估提出的基准价格进行。而灌溉用水户水权交易可自主开展,无需审批,但交易期限超过一年的需事前备案。

(3)排污权交易。建立四川藏区排污权交易制度,有利于运用市场机制和经济手段,激发各主体对于保护环境和控制污染的积极性,拓宽筹集生态补偿资金渠道。四川藏区排污权交易制度建设,应在继续深入实施现行排污申报登记、排污许可证、排污收费等制度的基础上,建立完善以下制度框架。一是排污权的合理核定。对四川藏区排污权的核定,应充分考虑四川藏区经济社会发展水平、发展阶段等现状特征,对四川藏区排污权分配给予倾斜和扶持,为藏区经济社会发展和排污权交易留有足够空间。二是排污权有偿使用制度。排污单位在缴纳使用费后或通过交易获得排污权,排污单位在规定期限内对排污权拥有使用、转让和抵押等权利。三是排污权交易机制。排污单位取得的排污权原则上是采取定额出让的方式,出让标准由省价格、财政、环境保护部门根据污染治理成本、环境资源稀缺程度、经济发展水平等因素确定,交易价格由交易双方参照交易指导价格自行确定。四是重点领域排污权交易试点。在重点流域和大气污染重点区域,制定出台四川省跨行政区排污权交易政策细则。五是排污权出让收入使用。排污权使用费由环保部门按照污染源管理权限收取,全额缴入各级国库，纳入财政预算管理，统筹用于四川藏区及其他生态地区水环境保护、污染防治及水利设施建设等。

7.5.5 监督管理

明确四川藏区综合生态补偿的监督管理机制，即明确"如何管"。四川综合生态补偿涉及的部门和相关利益主体较多，需要监督考核管理的内容也比较多，在实践中应针对综合生态补偿的关键环节，形成统筹协调、有所侧重的监管体系，有效促进综合生态补偿规范化、制度化发展。

1. 强化资金预算和拨付管理

一是强化资金预算管理。为确保四川藏区综合生态补偿资金能够足额、及时到达与州县政府，避免省（市）政府截流或挪用，省级财政应将每年用于四川藏区生态补偿的转移支付资金安排和使用情况应在财政预算报表中予以反映，增加透明度、减少随意性。二是强化资金拨付管理。省级财政要保证资金及时全额划拨到县，县级财政要保证资金全额到位，不得截留，同时要及时进行项目结算。三是规范资金配套。中央和省级财政应尽量减少或不要求四川藏区提供生态补偿资金配套。

2. 加强资金使用监督管理

一是健全资金使用决策机制。坚持生态补偿资金统一规划、组织、分配与管理。省级政府负责审查和评价四川藏区生态建设和保护方案，四川藏区各级生态主管部门围绕环境保护和建设发展战略，制定本辖区环境阶段性保护和建设方案以及总体规划，建立生态补偿资金信息管理系统和数据库，做好项目储备工作。二是建立资金使用监督机制。各级财政主管部门要严格控制综合生态补偿资金开支标准和范围，对资金使用的各个环节实施全流程监督和动态监控。各级审计部门要建立生态补偿资金日常核算稽查制度，切实降低资金使用的风险。

3. 建立生态效益监测评估机制

建立以森林覆盖率、森林蓄积量、草原覆盖率、湿地保护面积、水土流失治理量、退耕还林面积、退牧还草面积、退牧还湿面积、跨界断面水质、水量等为主要核心指标的四川藏区生态效益监测评价体系，对四川藏区生态效益、生态价值量进行科学评估。监测评价结果及时对外公布，接受各个补偿主体、社会各界及社会舆论监督。

7.6 四川藏区综合生态补偿机制的保障措施

7.6.1 组织保障

建立省级生态综合补偿工作机制。加快建立省政府主要领导牵头，省林业厅、省农业厅、省水利厅、省国土厅、省环保厅、省财政厅等部门主要领导参与的联席会议工作机制，明确各部门职责分工和任务。同时，通过部门联席会议工作协商机制，积极协调各部门生态补偿实施的具体项目和工程，避免各部门重复交叉投入。

健全完善州、县生态综合补偿执行机构。按照精简高效的原则，各州、县级政府成立以林业、农业、水利、国土、环保等部门为主的专门机构，全面负责执行和管理国家和省下达的各项生态补偿资金。进一步完善各项生态补偿资金使用和管理制度，在生态补偿项目和工程的立项以及资金的划拨、使用、分发、兑现等环节加强管理，强化事后审计监督和成效验收评估评价管理，加大违法违规惩处力度，确保生态受损者、生态产品主要贡献地区得到利益补偿，生态补偿资金得到有效利用。

强化部门间统筹协调。加快构建省、州、县等林业、农业、水利、国土、环保、财政、发改等部门间的统筹协调机制，全面负责协调国家、省以及跨区域重点生态补偿工程和项目的推进和实施，并协调整合相关部门和渠道的生态建设和补偿资金，加大对藏区生态保护和建设工程的投入力度，最大限度发挥生态补偿资金的使用效率。

7.6.2 资金保障

建立市场化生态补偿机制。积极开展碳排放交易、水权交易、排污权交易试点，加快建立西部环境资源交易中心，对资源交易双方条件、限定范围、时间、数量、质量、区位条件做出明确的规定，制定可操作的制度规定，逐步完善市场机制，完善碳交易的评估机制、监督机制与惩罚机制。

建立生态补偿基金。建立四川藏区生态环境补偿基金，用于四川藏区生态建设和环境保护，以及生态移民、生态扶贫等项目的资助、信贷、信贷担保和信贷贴息等，促进四川藏区经济社会协调发展和公共服务均等化。

建立生态税收制度。立足现有公共财政框架，把生态理念融入增值税、消费税、所得税和资源税等制度中。建议向国家积极争取：取消现行不符合生态要求产品税收优惠；对具有生态意义的产品扩大优惠范围；对矿产能源类、高污染类产品征收消费税，并适当调高税率；对废气、废水和固体废弃物排放开征二氧化碳税、二氧化硫税、污水排放税和垃圾税等。生态税收入统筹用于生态地区生态建设和环境保护。

建立生态融资服务体系。制定绿色金融实施方案，完善财政金融互动政策，鼓励各类金融机构加大对绿色信贷的投放力度，推动金融产品和服务方式创新，为生态建设项目提供长周期、低成本的资金支持。建立健全土地、林权等资源产权评估、抵押、监管、收储、流转交易体系，建立收储担保费用补助、贷款风险准备金、购买资源保险等方式完善风险补偿机制，加大风险补偿力度。

7.6.3 制度保障

健全完善法律法规制度体系。强化国家法律法规对四川藏区综合生态补偿的约束和规范作用。积极推动国家尽快出台《综合生态补偿条例》，突出生态环境利益和生态公共价值，明确国家、地方、各类资源开发利用者和生态环境保护者的权利和责任。系统梳理有关综合生态补偿的法律法规，研究出台《四川藏区综合生态补偿实施办法》，明确细化四川藏区综合生态补偿的基本原则、补偿领域和主体、补偿标准、方式及资金来源，实现综合生态补偿的法律化、规范化和制度化，构建四川藏区综合生态补偿的长效机制。

探索推行绿色GDP核算制度。全面总结绿色GDP核算试点经验，健全统计局、水利、卫生、农业、林业、气象等部门数据定期交换机制，基于科学性原则、可比性原则、操作性原则、公众参与原则，明确绿色GDP核算内容、方法和标准，既要扣除环境污染造成的直接经济损失和部分间接经济损失，也要增加为修复改善生态环境，促进资源的循环利用和废弃物资源化成果价值量。加强对核算过程的监督管理和核算结果的审核，并以适当的方式定期公开发布绿色GDP、环境损失占GDP的比例等数据，不断提高地方政府和社会公众对生态环保的重视程度。

建立健全自然资源产权制度。加快推进自然资源产权确权登记，对四川藏区土地、矿产、森林、山岭、草原、荒地、滩涂、水流等自然资源的所有权和使用权一一确权登记颁证，明确权利责任主体，并建立登记信息依法公开查询系统，实现登记机构、依据、簿册和信息平台"四统一"。完善自然资源资产监测制度，发挥环保部门、测绘地理信息等部门的主渠道作用，充分利用测绘遥感、卫星监测等高科技手段，对自然资源资产数量、质量进行实时动态监测。调动公益类研究机构、环保社团等社会专业机构的力量，根据其专业特长，对特定类别的自然资产资源进行监测评估，以便更全面地掌握自然资源资产动态变化情况。

加强生态补偿资金使用监管。强化各级财政部门对综合生态补偿使用监督主体责任，严格综合生态补偿资金开支标准和范围，对拨付、使用等资金链的各个环节实施全流程监督和动态监控，使资金处于良性循环状态。建立审计部门对生态补偿资金的日常核算稽查制度，切实降低资金使用的风险。充分发挥人大、政协对生态补偿资金使用监督职能，构建同级财政部门定期汇报生态资金使用常态化机制。鼓励社会媒体加大对违规使用生态补偿资金事件的报道力度，切实保障人民群众对生态补偿金来源、去向、效益的知情权、参与权和监督权。

完善生态绩效考核问责制度。实施生态补偿资金奖惩制度，组织专业人才建立专门机构，或聘请具有专业资质的中介机构，建立科学的考核指标体系，对补偿资金使用的环境效益、经济效益、社会效益进行全方位考核，对考核结果优秀的，上浮一定比例补偿资金，对考核结果不合格的，扣减一定比例补偿资金。有严重破坏生态情况的，直接取消生态补偿资格。建立生态环境保护问责制度。明确各地党委政府"一把手"对生态环境负总责，对推动生态环境保护不力的，要实施严格问责，对盲目决策、履职不力、监管不力等造成严重后果的，要依法追究法律责任。

7.6.4 积极争取国家政策支持

健全财政转移支付制度并加大转移支付力度。财政转移支付是生态补偿最直接的手段，也是最容易实施的手段。为此，要加大中央财政转移支付中生态补偿的力度。一是树立生态财政理念，生态建设专项资金并列入财政预算。二是按照完善生态补偿制度的要求，进一步调整优化财政支出结构，资金的安排使用应着重向欠发达地区、重要生态功能区、水系源头地区和自然保护区倾斜。三是应充分考虑生态地区经济发展状况、生产力水平、财力增长率及今后政策性支出增长等因素，切实加大资金倾斜力度，持续增加对藏区的一般性转移支付、专项转移支付、民族优惠政策转移支付等扶持力度，并形成长效机制。

提高现行生态补偿政策的补偿标准和期限。针对藏区实施的退耕还林还草、退牧还草等生态补偿政策期限短、标准低的问题，建议国家一方面根据四川藏区特殊的自然环境、植物生长缓慢以及农牧民群众转产转移困难等实际，长期实施退耕还林还草、天然林保护、退牧还草等生态补偿政策；另一方面根据四川藏区物价水平高、群众生活成本高的实际，科学量化补偿标准，并实行动态管理机制，根据社会经济状况和物价指数的提高，定期对补偿标准进行一次调整。

积极推动资源税改革。针对四川藏区资源开发过程中的税费征收标准低、补偿范围窄等问题，应结合资源税费改革加大对四川藏区等民族地区的支持力度。一是扩大资源税费增收范围，将具有经济价值的矿产、水、草地、森林等列入征收范围。二是按照"资源有价，使用付费"的原则，实行资源开发权有偿取得制度，无论开发企业是国有还是民营企业，都应按照招标、拍卖、议价等市场化方式取得资源开发权；对已经无偿取得金沙江、雅砻江、大渡河干流垄断开发权的大型国有企业，也应参考市场价格，分年度支付开发权使用费，用于支持地方发展和提高群众生活水平。

参考文献

1. 国家民委. 中国共产党主要领导人论民族问题 [M]. 北京：民族出版社，1994.
2. 邓小平. 邓小平文选：第三卷 [M]. 北京：人民出版社，1993.
3. 弗里德里斯·李斯特. 陈万煦，译. 政治经济学的国民体系 [M]. 北京：商务印书馆，1981.
4. 蒙吉军. 综合自然地理学 [M]. 北京：北京大学出版社，2005.
5. 苏东水. 产业经济学 [M]. 北京：高等教育出版社，2015.
6. 西蒙·库兹涅茨. 现代经济增长理论 [M]. 北京：商务出版社，1989.
7. 中国发展研究基金会. 中国发展报告 2007：在发展中消除贫困 [M]. 北京：中国发展出版社，2007.
8. 马丁·瑞沃林. 贫困的比较 [M]. 北京：北京大学出版社，2005.
9. 王建平. 反贫困政策调整优化研究——基于川西北藏区的实证分析 [M]. 北京：经济科学出版社，2016.
10. 陈佳贵，黄群慧，钟宏武. 中国地区工业化进程的综合评价和特征分析 [J]. 经济研究，2006（6）：4-15.
11. 佚名. 大推进理论和不平衡发展理论 [J]. 发展研究，1994（4）：47.
12. 宋增文. 基于投入产出模型的中国旅游业产业关联度研究 [J]. 旅游科学，2007（2）：7-12+78.
13. 吴三忙. 产业关联与产业波及效应研究——以中国旅游业为例 [J]. 产业经济研究，2012（1）：78-86.

14. 佩鲁. 略论增长极的概念 [J]. 经济学译丛, 1988 (9).

15. 沈茂英. 少数民族地区城镇化问题研究——以四川藏区为例 [J]. 西南民族大学学报（人文社科版）, 2010 (10): 136 – 140.

16. 中共云南省大理市委. 建立洱海流域生态补偿机制的实践和探索 [J]. 中国财经信息资料, 2012 (18).

17. 胡锦涛. 在中央民族工作会议暨国务院第四次全国民族团结进步表彰大会上的讲话 [N]. 人民日报, 2005 – 05 – 28.

18. 李杨. 湘江新区: 探索建立综合性生态补偿机制 [N]. 中国经济导报, 2016 – 08 – 26 (A03).

19. 胡锦涛. 坚定不移沿着中国特色社会主义道路前进为全面建成小康社会而奋斗——在中国共产党第十八次全国代表大会上的报告, 2012.

20. 郭熙保. 论贫困概念的内涵 [J]. 山东社会科学, 2005 (12): 45 – 54 + 19.

21. 何晓琦. 长期贫困的定义与特征 [J]. 贵州财经学院学报, 2004 (6): 53 – 57.

22. 陈健生. 生态脆弱地区农村慢性贫困研究 [D]. 西南财经大学博士学位论文, 2008.

23. Alexander Gerschenkron. *Economic Backwardness in Historical Perspective* [M]. Harvard University Press, 1962.

24. Levy M. *Modernization and the Structure of Societies: A Setting for International Relations* [M]. Princeton University Press, 1996.

25. Moses Abramovitz. *Thinking about Growth: And Other Essays on Economic Growth and Welfare* [M]. Cambridge University Press, 1989.

26. Rowntree, Benjiamin Seebohm. *Poverty: A Study of Town Life* [M]. London: Macmillan Publishers, 1901.

27. Alcock. *Understanding Poverty* [M]. London: Mcmillan Publishers, 1993: 106.

28. Chronic Poverty Research Centre. *The Chronic Poverty Report* 2004 – 2005 [M]. Manchester Press, 2005.

29. Hulme D., Moore K., Shepherd A. Chronic Poverty: Meanings and Analytical Frameworks. Ssm Electronic Journal, 2001, 106 (D16): 18015 – 18027.

30. McGregor J. A., Copestake J. G., Wood G. *The Inter-generational bargain: an introduction* [J]. Journal of International Development, 1999, 12 (4): 447 – 451.

后　　记

　　2007年是在我人生中和研究生涯中具有重要意义的一年。这一年，我研究生毕业走上工作岗位，从事自己喜欢的研究工作；这一年，党中央、国务院做出了统筹西藏以外四省（四川、青海、云南、甘肃）藏区经济社会发展的重大战略部署，吹响了四川藏区加快发展的号角，自己参与的第一项研究课题，正是为中央起草加快四省藏区发展的相关文件做重要参考的《加快四川藏区经济社会发展的政策措施研究》，本研究提出的诸多政策建议也因得到国务院的采纳而获得省政府一等奖。从此以后，我的研究工作就与四川藏区结下了不解之缘，四川藏区问题研究一直是我研究的重点方向。工作以来，我承担了二十多项关于四川藏区发展的重大问题研究和重点规划编制工作。

　　欣喜地看到，10年来，在党中央、国务院的大力支持下，四川藏区经济社会发生了翻天覆地的变化，正与全国一道加快向全面建成小康社会的宏伟目标迈进。在欣喜之余，我萌发了将过往成果出版的想法。我的第一本专著《反贫困政策调整优化研究——基于川西北藏区的实证分析》已由经济科学出版社出版，希望提出的相关政策建议能为四川藏区乃至全国的脱贫攻坚事业起到一定参考作用。本书重点对四川藏区经济社会发展中具有战略性和全局性的问题开展研究。

　　本书的相关内容在写作过程中得到了四川省经济发展研究院、四川省发展和改革委员会民族处、甘孜藏族自治州发展和改革委员会、阿坝藏族羌族自治州发展和改革委员会等单位的帮助和支持。四川省经济发展研究院的曾勇、程旭、李太后、齐天乐等同志在相关研究中给予了支持，李雷雷协助梳理了部分文献，鲁荣东院长资助了本书出版费用。在此一并致以

后　记

诚挚的谢意。由于作者知识水平所限，本书还有一些不足之处，敬请读者批评指出。

王建平

2017 年 12 月